大泉光一 著

歴史研究と「郷土愛」
―伊達政宗と慶長遣欧使節―

雄山閣

まえがき

　慶長・元和年間に、奥州の大名伊達政宗が、家臣支倉六右衛門（通称常長）（1571〜1622年）をメキシコおよびヨーロッパに派遣した史実については、幕末に蘭学者大槻玄澤（磐水）が一書を著して以来、内外の研究書により広く世に知れ渡っている。

　慶長遣欧使節の研究については、メキシコとの直接貿易の実現を目的とした伊達藩と幕府の合同プロジェクトの「訪墨使節団」に便乗した形で「訪欧使節団」が編成されていた。この「訪欧使節団」がローマ教皇に対し、フランシスコ修道会所属の宣教師の派遣要請、大司教区の高位聖職者の任命、メキシコとの通商交易開始の実現のための仲介などの請願以外に、政宗の日本におけるキリスト教徒の王（カトリック王）の叙任およびキリスト教徒による騎士団の創設の認証を請願する極秘目的で派遣されたことから、日本側の史料がほとんど抹消されている。かろうじて『伊達貞山治家記録』や『寛政重諸家譜』などに使節派遣に関する概要について簡単に記述されているだけである。そのため当該使節団の全貌を知るためには、メキシコ、スペイン、ヴァティカンなどに伝存する厖大な原文史料の博捜や検証が重要である。そこで私は、ライフワークで半世紀にわたってこの困難な研究に携わって来た。そして私は、メキシコをはじめ各国の文書館・図書館などが所蔵する慶長遣欧使節関係のロマンス語表記の手稿原文書を渉猟・採録調査を行い、その研究成果の一部として発掘入手した手書きの難解な原文書を翻字（翻刻）・邦訳して2010年3月、『支倉六右衛門常長「慶長遣欧使節」研究史料集成』第1巻を上梓し、2013年3月、同『史料集成』第2巻を上梓（いずれも雄山閣発行）した。

　同『史料集成』第1巻第Ⅰ部では、使節団の旅程発端から叙述する唯一の記録書である難解な古典イタリア語で記されているシィピオーネ・アマティー著『伊達政宗遣欧使節記』（1615年刊）（全31章）を初めて全訳を成して収載した。第Ⅱ部では、ローマ・イエズス会文書館所蔵のイエズス会士ジェロニモ・デ・アンジェリス師の日本語雑じりの難解な古典ポルトガル語表記の書簡5通の翻刻および邦訳を初めて成して収載した。

まえがき

　同『史料集成』第2巻では、私が海外の文書館や図書館で発掘した新史料の紹介と、『大日本史料』第十二編之十二の中から特に重要だと思われる文書を取拾選択し、私自身が海外で採録した原文書と突き合わせて転写漏れ・誤写や誤訳の字句を修正し、再翻刻・再邦訳を成した。これらの『史料集成』第1巻および第2巻の刊行によって、前述したように、慶長使節団には、日本とヌエバ・エスパニア（メキシコ）との直接通商交易の実現を目的とした幕府と仙台藩の合同プロジェクトの「訪墨使節団」と、同使節団に便乗した形で編成された支倉ら伊達藩士と日本のキリスト教徒代表者3名（トマス・瀧野嘉兵衛、ペトロ・伊丹宋味、フランシスコ・野間半兵衛）による宗教的目的の「訪欧使節団」の2つの集団があった。そして後者の「訪欧使節団」は「極秘」に派遣された（アマティー著『伊達政宗遣欧使節記』第14章）ことなど、多くの新事実が明らかになり、これまでの当該使節に関するイメージとはまったく異なる新しい支倉像や使節の実体が浮き彫りにされた。これらの『史料集成』に収載した原文史料によると、政宗のスペイン国王フェリッペ3世およびローマ教皇に対する「宣教師の派遣要請」は、メキシコとの通商交易実現のための方便だったのではなく、前述したように政宗はローマ教皇から「キリスト教徒の王（カトリック王）」に叙任してもらい（A.S.V., Fondo Borghese, Serie IV. No.63）、幕府のキリスト教の禁教令によって迫害を受けていた日本中のキリスト教徒を糾合し、仙台領内に「キリシタン帝国」を築いて（A.G.I, México 299）「キリスト教徒の騎士団」の創設を認証してもらうこと（A.S.V., Fondo Borghese, Serie IV. No.63）であった。そのため伊達領内においてフランシスコ修道会の宣教師による福音宣教の拡大を図ると共に、信徒のために御ミサを司式し、「告解：カトリックにおける7つの秘蹟の一つであり、洗礼によって入信し、原罪を贖われた信徒が、洗礼以後に犯してしまった罪を、司祭を通して神に告白し、悔い改め、赦された身として新生すること」や「聖体拝領：キリストの血と肉であるところのワインとパン（ホスチア〈Hostia〉：聖餅）を身体の中に受け入れること」の秘蹟を授けるために必要な宣教師の派遣要請であった（A.S.V., AA.I XVIII, 1838）ことが判明した。

　ところが、仙台市博物館およびその関係者は、伊達政宗の慶長遣欧使節の派遣目的は、「幕府が果たし得なかった当時スペインの植民地であったヌエバ・エスパニア（メキシコ）との貿易実現をはかるために仙台領内でのキリ

まえがき

スト教の布教活動の自由を許すために必要な宣教師の派遣要請であった」と、謬説を繰り返している。とりわけ、「宣教師の派遣要請」はあくまでも通商交易を実現するための手段であったと断言している。そして彼らは、客観的事実に基づいた証左を何も提示しないで、ただ漠然と、前述した私の客観的な指摘に対し「憶測に過ぎない」とか、「荒唐無稽」な説だと一方的に批判している。なお、インターネット百科事典「ウィキペディア」の私の紹介欄に、「（私の）「討幕説」について学界では「荒唐無稽」な説とされている」と、記されている。しかしながら、仙台市博物館とその関係者を除き、少なくとも私が所属している「キリスト教史学会」全体が「荒唐無稽」な説であるという見方をしているとは限らないので訂正してもらいたい。

　ところで、本書でも取り上げるが近年、慶長遣欧使節に関する史実を歪曲したり、または捏造・改竄した著作物が多く出版されている。また、他人の著作物からの無断転載（剽窃）などの、不正行為なども横行するようになった。私はこうした歴史（慶長遣欧使節関係史）を歪める不正行為を糺すために内容が悪質の場合は、著者や出版社に対し苦言を呈してきた。しかしながら、それを謙虚に受け止めて反省し、謝罪したケースは極めて稀であり、大半は言い訳や感情的な反論をしてきた。傲慢でたちの悪い著者や出版社は自らの非を認めようとせず、私を名誉棄損で訴えてやるなどと脅してきた。非常に情けないことであるが「訴えてやる」とか「法的手段をとる」と脅せば怯むとでも思っているらしい。周知のことであるが、そもそも日本の社会は昔から、「和」の思想（原理）を極端に重視してきている。日本の暗黙の社会規範ともいえる「和」の理念の具体的なものには、相手が間違ったことを言ったり、間違ったことを書いたり、間違った行為をしても、余程のことでない限りストレートに（頭ごなしに）注意したり、批判したりしない（争いをしない）ことがある。そして「このようなことでよろしいのではないでしょうか」というような婉曲的な表現を用いることを社会通念としている。

　「和」の精神の特性は、共存共栄、大調和の精神である。それ故、「和」を乱す人はあらゆる組織からは排斥されてしまう。とにかく「和」を乱すことは、日本人が一番嫌うことである。

　民族学者で文化勲章受賞者の梅棹忠夫博士は、生前、日本人の批判に対する受け止め方について、次のように語っている。

まえがき

> 「大半の日本人は批判に弱く、批判されると非難されたように思ってしまうのである。(日本人が)正論を貫くことを避けるのは、批判を恐れるというより、評判を非常に気にするからである。」(小山修三『梅棹忠夫 語る』日経プレミアシリーズ、2010年、145頁)

確かに日本の社会では、個々のメンバーが尊敬されることはなく、相手を疑ったり、相手に対する名指しの批判をせず、そして意見の対立を避ける理由は、自分の評判を悪くしないためなのである。したがって、こうした日本社会全体に浸透している伝統的な社会通念(規範)を逆に悪用して、平気で歴史を歪曲したり、捏造したりする輩が多いのである。仮に、そうした不正行為が露見しても、余程のことでない限り直接その当事者が名指しで批判されたり、罪に問われることが少ないからである。

私が日本大学在職中の10年ほど前に、大手広告会社から大学教授に転身し、『実践・危機管理読本』という本を出版したF氏が私が作成した図示を無断で転載したので、その非礼を厳しく咎めた。その時F氏は謝罪の手紙をくれたので不問に付すことにした。ところが、情けない話であるがF氏は、反省するどころか学会内で、「大泉は強面(こわもて)な人なので気を付けるように」、と陰口を言っていたことを耳にした。日本人の場合、自分に非があっても第三者から個人的な失敗や過失を直接指摘されると、素直にそれを認めて反省するよりも、自尊心を傷つけられメンツを失ったということで感情的に反論する人が意外に多いのである。

いずれにせよ、日本ではズバリ直言したり、書いたりする正論者は「過激な人」と軽蔑されて、時には異常者扱いにされ、世間から非難を浴びることになる。逆に、日本の伝統的な「事なかれ主義」で相手に対し余計なことを何も言わない人は「温厚で謙虚な人」と高く評価される。言うまでもなく、欧米における学者間の、学問上における批判や論争は許容されており、相手構わず正しいと思ったことは断固主張する。相手の誤りや矛盾をとことん追及してその主張を理論で包囲して逃げ道を塞ぎ、徹底的に議論する。ただ自分が優勢なときは相手に退路をつくってやるので恨まれたりすることはほとんどなく、また名誉棄損などで法的に問われることなども滅多にない。それでもわが国の社会(学界)では、相手を名指しで批判して議論することをタブー視している。そろそろ日本人も「和」の原理の壁を乗り越えてグローバル・

スタンダード（国際標準）に合わせ、欧米諸国並みに自由に相手の誤謬や矛盾を指摘し合えるような社会（学界）に変えるべきであると思われる。そうしないと何時までたっても国際社会の仲間入りができないのである。

　私は自ら近世初期の日欧交渉史の研究者として半世紀に亘ってロマンス語表記の原文書の解読を通して慶長遣欧使節の研究に携わって来た者として一般の日本史家よりも詳しく、かつ的確に述べ得ると思っている。それ故に、あまり偉そうなことは言えないが、本書では伊達政宗や支倉六右衛門・慶長遣欧使節に関して後に過信と見なされても致し方ないようなことを忌憚なく述べさせてもらうことにする。ただここでお断りしておくが、私はあくまでも歴史の歪曲や捏造を糺すことに関心があり、伊達政宗や支倉六右衛門の人物を過小に評価しようなどとは毛頭考えてもいないのでご承知置き願いたい。

　本書の意図は、まず第Ⅰ部では、私の半世紀に亘る慶長遣欧使節研究の総集成として、使節研究に不可欠な古典ロマンス語表記の手書きの難解な文書の解読法（史料の分析〈史料批判〉、翻刻・翻訳法など）を解説する。また、膨大な数の関係古文書を収蔵している主な文書館や図書館の紹介と使節関係の主な文書の史料価値について検討する。そして最後に、当該使節研究で最も多く引用されている『大日本史料』第十二編之十二および『仙台市史・特別篇8・慶長遣欧使節』に収載されている邦訳史料集の史料的価値について検証する。さらに、当該使節史を恣意的に歪曲・捏造した実例を紹介する。

　次に第Ⅱ部では2013年6月にユネスコの世界記憶遺産に登録された仙台市博物館所蔵の国宝「支倉常長半身肖像画」の贋作疑惑及びローマ・カヴァッツァ伯所蔵の通称「支倉常長全身像」の改作疑惑についてその後の新しい研究成果をまじえて再検証する。

　2015年2月

青森中央学院大学研究室にて
大泉　光一

◎目　次◎

まえがき………………………………………………………………………… 1

第Ⅰ部　慶長遣欧使節の実像と虚像

プロローグ ……………………………………………………………………… 12
　❖ 300 年前からある「典拠不記載（剽窃）」❖ …………………………… 12
　❖ 不都合な史実を隠蔽する悪弊❖ ………………………………………… 17
　　―知られざる文禄・慶長の役の朝鮮、明兵の戦死者の耳、鼻を弔った「耳塚」―

序章　虚像の「支倉常長ブーム」を憂う ………………………………… 19
　　　―歴史を歪める史家たちの郷土愛―
　1　謬説を弘める郷土愛に駆られた地元の史家たち …………………… 19
　2　歴史を歪める郷土愛―藩祖伊達政宗への敬仰主義― ……………… 21
　3　虚偽の歴史を弘める郷土史家たち …………………………………… 25
　4　学術的根拠の乏しい歴史物語 ………………………………………… 26
　5　虚偽に基づく慶長遣欧使節史―濱田直嗣氏の「震災復興派遣説」― … 29
　6　真実を語る歴史書を嫌う郷土愛 ……………………………………… 32
　7　地元大学から開催を拒まれた「慶長遣欧使節」関係の史料展 …… 33
　8　翻訳大国の落とし穴―誤訳だらけの翻訳書が散在― ……………… 40
　9　間違いだらけの新聞・雑誌の書評―誤謬や謬見を弘める最大の要因に― … 46

第 1 章　慶長遣欧使節研究に不可欠な要件とは ………………………… 49
　　　―超難解な使節研究の課題―
　1　慶長遣欧使節史に関する諸学 ………………………………………… 49
　　1）ヨーロッパにおける「古文書学」の誕生と発展　49
　　　―古典ロマンス語原文書の翻刻（字）・邦訳の困難性―
　　2）慶長遣欧使節の関係「古文書学」の基本要素　50
　　　―ロマンス語の「略語」と翻字（転写）技術の習得が不可欠―
　　3）原文書の転写（翻刻）技術の進歩　57
　　　―19 世紀中頃に使節関係文書の目録化および翻字化―
　　4）古典ロマンス語の特徴　58

2　支倉六右衛門・慶長遣欧使節関係史料の所蔵機関及び史料批判 … 66
3　慶長遣欧使節関係の海外原史料の所蔵機関 …………………………… 69
　　1）スペインのインディアス総文書館（A.G.I.）　70
　　2）スペインのシマンカス総文書館（A.G.S.）　70
　　3）ローマ・ヴァティカン機密文書館（A.S.V.）　71
　　4）ヴァティカン図書館（B.A.V.）　73
　　5）ローマ・イエズス会本部付属文書館（A.R.S.I.）　73
　　6）メキシコ国立公文書館（A.G.N.）　73
　　7）セビィリャ市文書館（A.M.S.）　73
4　慶長遣欧使節関係の翻訳史料の史料的価値と史料批判 …………… 75
　　1）村上直次郎編纂『大日本史料』第十二編之十二（東京帝国大学史料
　　　編纂所　明治42年刊）　75
　　2）仙台市史編さん委員会編『仙台市史・特別編8、慶長遣欧使節』仙台市
　　　発行、2010年　82
　　3）『仙台市史』に重要文章の削除が散見される　83
　　4）使節一行がローマ教皇に請願した事柄に対する回答文書（教皇小勅書）　85
　　5）『仙台市史』に散見されるその他の誤訳例　91
　　6）古典ポルトガル語表記の原文書からの翻刻・翻訳に典拠不記載　97
5　仙台市博物館側の史観を擁護する地元大学の研究者 ……………… 101
6　『大日本史料』第十二編之十二および『仙台市史』を底本とした
　　鈴木かほる著『徳川家康のスペイン外交』の誤謬個所 …………… 104
7　シピオーネ・アマティー著『伊達政宗遣欧使節記』の日本語翻訳本
　　（ローマ、1615年刊）………………………………………………………… 109
8　ジャチント・ジッリ著、石鍋真澄訳「ローマ日記」『市史せんだい』
　　VOL.13所収（仙台市博物館、2003年7月、87～96頁）／『仙台市史』
　　187号、268頁 …………………………………………………………… 111
9　その他史料 ………………………………………………………………… 112
　　1）イエズス会士ジェロニモ・デ・アンジェリス書簡　112
　　2）「訪欧使節団」一行のローマ訪問目的を知る手掛りとなる2通の日本
　　　語書翰の史料価値　114
　　3）「訪欧使節団」がローマ教皇に請願したすべての事柄に対する回答文書　115
　　　―伊達政宗がローマ教皇庁へ使節を派遣した目的を知る証左になる重要な公文書―

結びに代えて ……………………………………………………… 117

第2章　歪曲・捏造された慶長遣欧使節記 ……………………… 120
　　　　─客観的証左のない謬説を糾す─
　1　「ハポン（日本）姓」スペイン人の末裔説について …………… 120
　　　─ハポン姓スペイン人は使節の末裔ではない論拠─
　2　「コリア・デル・リオ」の「ハポン（日本）」姓に関する私の見解 … 135

第Ⅱ部　国宝「支倉常長肖像画」の真贋疑惑の再検証
　　　　─贋作疑惑証左の再検討と新たな傍証─

プロローグ ………………………………………………………………… 140
第1章　『支倉六右衛門常長齎歸品寶物寫眞』掲載の「支倉半身像」
　　　　が原画写真である論拠 ………………………………………… 141
　　　　─すり替えられた『写真集』の「支倉半身像」の原画写真─
　1　伊勢斎助・大内大圓編『支倉六右衛門常長齎歸品寶物寫眞』帳に
　　　載っている「支倉半身肖像画」の真相 ……………………………… 141
　2　濱田氏が初めてマスコミに公表した支倉肖像の画像写真を7ヶ月
　　　後にすり替える ……………………………………………………… 145
　3　すり替えられた『古写真集』の支倉半身像の原画写真 …………… 146
　4　国宝現存画に史料的価値はあるのか ……………………………… 147
　　　─絵画中央の縦横の剝落部の謎─
　　　1）画面中央の剝落部に対する疑惑　147
　　　2）美術修復家の証言　150
　　　3）画像の亀裂の説明が2つ折り（縦折）から4つ折り（縦横）に変る　153
　　　　─昭和の修復後に新たに横の亀裂が加えられた？─

第2章　国宝絵画の虚構を検証する ……………………………… 155
　　　　─国宝現存の贋作疑惑に対する専門家の証言─
　1　鮫皮であるべきなめし塗りの短刀 ………………………………… 155
　　　─わが国における刀剣研究の第一人者の証言─
　2　石鍋真澄氏の国宝支倉常長肖像画の「1条ロザリオ」説は誤認 … 156
　　　─その論拠について─

3　頬骨に描かれた不自然な「揉み上げ」 ………………………… 164
　　4　左手の薬指に嵌めているルビーの指輪への疑惑 ……………… 164
　　　　―キヨッソーネの観察記録は誤認か？―
　　5　平井希昌編『欧南遣使考』巻末の現物模写画の原画を巡る
　　　　2つの説 ……………………………………………………………… 165

第3章　ローマ・カヴァッツァ伯爵蔵「日本人武士像」
　　　　（通称支倉常長全身像）の改竄疑惑 ………………… 168

　「日本人武士像」の人物特定のための熾烈な論争 ……………… 168
　　　―明治時代後半から昭和にかけて大掛かりな改竄作業を実施か？―

　あとがき ………………………………………………………………… 173

凡　例

(1) 略号
　　A.G.I. = Archivo General de Indias（インディアス総文書館所蔵文書）
　　A.G.S. = Archivo General de Simancas（シマンカス総文書館所蔵文書）
　　A.R.S.I. = Archivium Romanum Societatis Iesu（ローマ・イエズス会本部付属総文書館所蔵文書）
　　A.S.V. = Archivio Segréto Vaticano（ヴァティカン機密文書館所蔵文書）
　　A.M.S. = Archivo Municipal de Sevilla（セビィリャ市文書館所蔵文書）
(2) 伊達藩の公式記録「知行割目録（知行充行状）」に「支倉六右衛門」と記されており、また、海外に現存している自筆文書にはすべて「支倉六右衛門長経」とあるので、これを正しい姓名とすべきである。しかしながら、一般には「支倉常長」の姓名で広く知られているので、本書では「支倉常長」を用いることにする。
(3) 支倉常長の秘書官と称される「小寺（池）外記」の正式な氏名は、ローマ・ヴァティカン機密文書館所蔵の「使節一行のローマ入府式の記録」（RELATIONE）には、「小寺池外記（Don Alonzo Conderaique Guegi）」と記されているが、小寺（池）の姓名は仙台藩の「家臣録」や「世臣家譜」には見当たらない。これは、ヴァティカンの記録担当者が「小平（Codaira）姓」の発音を聴き違えて「コデライケ（Conderaique）」と記述したのではないかと推察される。したがって本書では「小寺池（又は小平）外記」と表記することにする。
(4) ローマ教皇「パウロ5世」を「パウルス5世（Paulus V）」とラテン語表記にした。
(5) 古典スペイン語にはもともとアクセント記号がついていないが、翻刻・翻訳の際には便宜上アクセント記号を付して表記した。

第Ⅰ部

慶長遣欧使節の実像と虚像

プロローグ

❖ 300年前からある「典拠不記載（剽窃）」❖

　2014年に入って、学術論文と翻訳書の二つの「捏造・改竄」問題がマスコミ界の注目を浴びた。ひとつは日本を代表する研究機関である理化学研究所のユニットリーダーらが世界で最も権威のある英科学誌『ネイチャー』で発表した「STAP細胞」の論文に記述をでっちあげる捏造・改竄という不正があったことが同研究所の調査委員会によって認定されたことである。こうした科学界の欺瞞と虚偽の過去を辿ると、世界的な病理学者として名声を博し、千円紙幣の肖像になっている"野口英世"が書き残した論文（約200篇）の多くが独善に導かれた錯謬だったことは当時から広く知られていたことである（ウイリアム・ブロード／ニコラス・ウェイド『背信の科学者たち』講談社刊）。

　もうひとつは米ニューヨーク・タイムズ紙の元東京支局長ヘンリー・S・ストーク氏がベストセラーの自著『英国人記者が見た連合国戦勝史観の虚妄』（祥伝社新書）で、日本の戦争責任を否定する立場の翻訳者の藤田裕行氏が原文に書かれていない**歴史の事実として「日本軍による『南京大虐殺』はなかった」。それは、中華民国政府が捏造したプロパガンダだった」**と勝手に加筆して歪曲したことである。特に学術論文や著作物の記述をでっちあげる捏造やほかの文書を無断で写す盗用といった不正行為は、明らかに研究者や翻訳者の規範意識の低下によるものであり、彼らは倫理とは何か、真剣に考えるべきときである。

　比較文化史家で東京大学名誉教授の平川祐弘氏は、《出典示さぬは日本の悪弊》と題して、

> 「写真捏造、論文典拠不記載などは一見、個人の問題のようだが、そうではない。日本に限らず東洋諸国では西洋に比べ出典が示されることが少ない。それは科学論文だけの問題ではなく、新聞雑誌など実にひどい。これは巨視的には学界に限らず日本の出版倫理の問題で、手近な例を挙げれば書物のタイトル表記もいい加減だ」（2014年5月22日付産経新聞朝刊）

と、厳しく指摘している。私もまったく同感であり、30年以上も前から強

い懸念を抱いていた。現在、国内で発行されている学術論文に限らず、新聞雑誌、専門書を含む一般刊行物のほか、政府系機関の刊行物に至るまで、他人の著作物からの無断転載（論文典拠不記載）や、引用・参考文献が一冊も明記されていないか、あるいは本の巻末に参考文献一覧が掲載されていても大半の著者は、参考にしなくてもただ形式的に他人の複数の著書から転写して並べているというケースが多く、著者や編集者（出版社）の倫理性が問われる出版物があとを断たない。欧米では考えられない日本の悪弊である。実はこうした事例は、300年近く前からあり、依然として改善される兆しが見られない。

わが国における天文学の画期的な啓蒙書として知られている1715年発行の長崎の天文学者、小林謙貞の著書『二儀略説』（国立公文書館内閣文庫所蔵、文書番号194函154、23697号）が「典拠不記載（剽窃）」の代表的な書物であることはあまり知られていない。

1995年に英国オックスフォード大学モードリン・カレッジ図書館でポルトガルの元コインブラ大学教授でイエズス会士ペドロ・ゴメス神父（Padre Pedro Gómez）が1593年にラテン語で編述したイエズス会の日本コレジョの『講義要綱』（Compendium：コンペンディウム）（ヴァティカン図書館所蔵本、文書番号 MS. Reg. lat. 426）の第一部「天球論（De Sphaera）」の日本語に翻訳された稿本が偶然発見された。驚くべきことにこの『講義要綱』の第一部「天球論」のペドロ・ラモンによる日本語訳稿本と小林謙貞の『二儀略説』の構成と内容が一字一句とも同様であることが判明したのである。つまり小林謙貞が長崎において『講義要綱』をイエズス会の神父から見せられたのを、本来であれば「ペドロ・ゴメス編述『講義要綱』（コンペンディウム）から転載」と、記載すべきであったが、そのまますべて丸写しして自分が書いたように装ったのである。小林

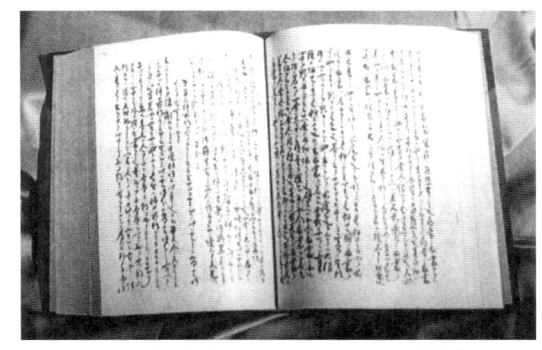

図1　イエズス会士ペドロ・ゴメス編述『講義要綱』
（英国オックスフォード大学モードリン・カレッジ図書館所蔵）

は、『講義要綱』が当時キリシタン関連の禁書であったことから、滅多に公にされることはないだろうと思ったに違いない。それが280年後に「剽窃」であることが明らかになるとは思ってもみなかったことであろう。当時は「著作権法」などといった法律は存在しなかったので違法とは言えなかったにせよ、小林謙貞の倫理性が問われる問題であった。

　以上のようにわが国では昔から、原本の出典を明らかにせず他人の著作物から平気で転写し、それを自分の著作物として公表するということが平然と行われてきている。

　このような「典拠不記載」の事例は政府の刊行物にも多く見られる。約30年以上も前のことであるが、私自身が経験した事例を紹介する。私が企業の海外危機管理の専門家として、わが国において初めて本格的な海外ビジネスマンの誘拐防止対策や爆弾テロ対策に関する啓蒙書を出版し、外務省や社団法人在外企業協会に対し、情報提供や助言を行っていた。その頃外務省が私の著作物から引用・参考にして「海外における邦人の誘拐防止対策」および「爆弾テロ対策」の手引書を出版した。ところが、これらの手引書の巻末には引用・参考文献の項目欄がなく、使用したはずの引用文献や参考文献が一冊も記載されていなかった。そこで私は使用した引用・参考文献を掲載するように要請したが、外務省の担当職員からは、「政府の刊行物にそのような記述をする慣習がない」と、拒絶されたのである。ちなみに、欧米では政府の刊行物を含めて参考文献や注釈の記載のない専門図書を出版することは滅多にない。また出版物の執筆者もその分野における広範な専門知識と経験、そして研究実績を有した専門家である。しかしながら日本では、専門誌や新聞に論文を執筆する際に、引用・参考文献・注釈については、出版社や新聞社側から字数がオーバーするという理由で削除するように要請されることが多い。まずは何よりもこうした出版業界やマスコミ業界の慣習を改めることが必要である。

　さて近年のキリシタン史関係の著作物で目立つのは、原史料の出典を明記しない出所不明の孫引きや曾孫引きの出版物が意外に多いことである。その代表的ともいえるのが、ローマ、イエズス会文書館に所蔵されているジェロニモ・デ・アンジェリス師の「蝦夷地図」（A.R.S.I., Jap. Sin. 34f. 56）である。この地図はわが国では、イエズス会士フーベルト・チースリク編『北方探検

記』（吉川弘文館、1962年刊）に初めて掲載されて広く知られるようになったのである。

　2008年5月16日〜7月6日に青森県立郷土館で開催された『青函連絡船なつかしの百年―海峡を渡る船と人―』の資料展示会を記念して同館が出版した『青函連絡船なつかしの百年―海峡を渡る船と人―』（2008年5月16日発行、9頁）に、このアンジェリス師の「エゾ地図」が紹介されている。ところがこの地図の出典が原本が所蔵されている「イエズス会文書館所蔵」ではなく、『青森県史・資料編・近世1　近世北奥の成立と北方世界』（青森県発行、01年）より、と記載されている。アンジェリス師の「エゾ地図」の原本がローマのイエズス会に所蔵されていることに熟知していた私は不思議に思い、同館の上級学芸員に訊ねてみた。しかし『青森県史・資料編・近世1』から（孫引き）転載したということだけで詳しいことは知らなかった。

　このように誤謬の出典が記載された背景には、『北方探検記』から孫引き引用した『青森県史・資料編・近世1』の編集委員が本来であれば、地図の原本所有者である「イエズス会文書館所蔵」と記述すべきところを、誤って"『北方探検記』より転載"というキャプションをつけて孫引き転載してしまったのである。ちなみに、チースリク師は『北方探検記』で引用した「蝦夷地図」の出典を"イエズス会文書館所蔵"と明記している。つまり原本所有者のイエズス会本部所蔵というキャプションが削除されて「蝦夷地図」の出典が『青森県史……』と間違って記載され、それが『青函連絡船……』に曾孫引きで転載されてしまったのである。しかしながら、アンジェリスの「蝦夷地図」の著作権はあくまでもイエズス会本部文書館にあるので、本来であれば国際的な慣例に従って同文書館からの掲載許可が必要であった。

　こうした甚だしい知識不足による無断転載のケースとは異なる私が知っている悪質な無断転写（盗作疑似）の歴史書には、『葵三代と静岡・ジパングの王様　徳川家康』（S新聞社刊）と『黄金の島ジパング伝説』（Y出版社刊）がある。

　地元の公立大学で歴史学を教えていた前者の著者K氏は、キリシタン史研究の権威松田毅一博士の複数の訳書や著書から無断で転載し、裁判沙汰になったケースである。前述書の作者の違法行為は、無断引用部分の量的な多さだけでなく、無断引用部分をあたかも自ら翻刻（創作）・翻訳した文章で

あるかのように見せかけた部分もあり、その違法行為の態様は極めて悪質である。私の学位論文の指導者であった松田博士の大半の翻訳書や著作物の内容に精通していた私が最初にK氏に無断転載の疑いがあることを指摘し、問題が表沙汰になる前に遺族に対し謝罪すべきであると親切心で助言した。ところが、それを拒んだだけでなく、K氏は感情的な態度を示し、私が当時奉職していた大学へどこから入手したのか分からないが、古典ポルトガル語の手稿の古文書をちらつかせながら「私はこのような（ポルトガル語の）原文書を使って執筆したので無断転載とは心外である」と、抗議して来た。ポルトガル語の原文書の写本を私がその場で翻刻・解読してみたら、K氏の著書の内容とは何ら関係のない古文書の写本であることが判明した。彼は驚いた様子で「あなたはこの古文書を本当に読めるのか……」と言って絶句していた。もちろんK氏自身も自分で持ち込んだ古文書の写本に何が書いてあるか理解できるはずはなかった。つまり、K氏は版元の新聞社（出版局）にポルトガル語の古文書の写本を多数持ち込み、それらを自ら解読したように見せかけて、信用させたのである。しかしながら、海外における研究実績もなくロマンス語による難解な手書きの古文書の翻刻・邦訳が出来るはずがないのに、それを新聞社が見抜けなかったのである。ちなみに、K氏の著書の「あとがき」に「本書は、最近の海外の研究成果を参考に著したものである」と、あくまでも自ら原文書を翻刻・邦訳して著したものであると強調して書かれている。

　後者は、拙著『メキシコの大地に消えた侍たち』（新人物往来社刊）に掲載した古典ポルトガル語で書かれた前出のローマのイエズス会本部文書館所蔵の「ジェロニモ・デ・アンジェリス書簡」の原文の写真図版とポルトガル語の邦訳文が無断で転載された問題である。お粗末なのは拙著で紹介したアンジェリス書簡の写真図版のキャプションは「ジェロニモ・デ・アンジェリスがローマのイエズス会本部へ宛てた書簡（イエズス会本部文書館所蔵）」であるが、Y出版社の本には写真図版の書簡の内容とは異なる上記拙著内で紹介した邦訳「テンカドノ（天下殿）は政宗がスペイン国王に遣わした使節のことを知っており……」というキャプションを付けて捏造した点である。著者である元国立教育大学教授のM氏も読者に対しポルトガル語の古文書の翻刻と邦訳を自分でやったように誇示したかったのであろう。版元は著者が国立

大学の著名な教授なので超難解な古典ポルトガル語の書簡を解読できてもおかしくないという先入観があったようである。ただ、こうした無断掲載を事前にチェックできなかった版元の編集者の責任は免れないが、著者のM氏と版元が素直に過失を認め私に手紙で謝罪をしてくれた。だが、同書が出版されて既に10年以上も経っているにもかかわらず、無断掲載部分が訂正されることなく今も全国の書店の棚に並んでいる。

❖ 不都合な史実を隠蔽する悪弊 ❖
―知られざる文禄・慶長の役の朝鮮、明兵の戦死者の
耳、鼻を弔った「耳塚」―

話は慶長遣欧使節とは直接関係ないが、日本人にとって不都合な史実を隠蔽（臭いものには蓋を）し、後世に伝えないよとしないわが国の悪弊について紹介しよう。

2013年9月末に、京都外国語大学での「支倉六右衛門常長・慶長遣欧使節関係史料展」および特別講演のために京都を訪れた際に、京都市東山区の豊臣秀吉を祀る豊国神社の向かいにある「耳塚」（鼻塚）と呼ばれる史跡を訪ねた。高さ約9m、周囲約50m。この「耳塚」は日韓の深い「歴史認識の断層」の典型といえる。豊臣秀吉によって16万余の将兵が送られた朝鮮出兵（文禄・慶長の役1592～1598年）のうち、慶長の役に秀吉の命令で、戦功の証として討ち取った12万6千体をこえる朝鮮軍の鼻や耳が切り取られ、樽に塩漬けにされて秀吉のもとへ送られた。死体はおろか生きている者からも切り取ったのである。「耳塚」のことは京都以外では日本人のほとんどが知らないが、朝鮮半島ではほぼ誰もが知っている。多くの韓国人にとってそれは日本

図2　耳塚〈鼻塚〉の史跡（京都市）
古墳状の盛り土の上に五輪塔が建てられ周囲は石柵で囲まれている

人の野蛮さの象徴であり続けている。秀吉は慶長2年（1597）年9月28日、それらの鼻・耳の墳墓を造り供養したが、それは所詮、秀吉の慈悲を誇示する「虚構の供養」であったとされる。

　朝鮮半島では「耳塚」は民族の悲劇の物語として、近現代の民衆の間で語り継がれているが、日本の歴史教科書（実教出版）には1985年になってようやく初めて記述されるようになった。「耳塚」への日本人の集合的記憶は、恥じ入るように退潮している。

　古墳状の盛り土をした五輪塔が建てられ周囲は石柵で囲まれている。この塚は慶長2年（1597年）に築造され、秀吉の意向で同年9月28日に京都五山の僧を集め盛大に施餓鬼供養が行われたという。私が訪れたときは古墳状の盛り土の周囲には雑草が生え、塚の石段の上に焼香台があるが、供養のために線香をあげる人影もなくひっそりとしていた。この「耳塚」の歴史を隠蔽するのではなく、一人でも多くのわが国民にその歴史的事実を知らせ、私たちの祖先が行った酷い仕打ちを反省して、皆が心から供養するようになれば、日韓間の友好関係も自然に深まるのではなかろうか。

序章　虚構の「支倉常長ブーム」を憂う
―歴史を歪める史家たちの郷土愛―

1　謬説を弘める郷土愛に駆られた地元の史家たち

　支倉六右衛門常長の慶長遣欧使節は、2013年10月28日に出帆400年の大きな節目を迎えてようやく一般読者諸氏に再認識されるようになった。しかしながら、明治以来現在に至るまで、使節派遣の目的、功績等を巡って激しい論争が今なお延々と続いており、多くの謬説や偏見が残されている。こうした問題を拗らせている原因は、**第一に伊達藩の歴史や日本近世史に詳しい仙台市博物館および東北大学関係の歴史学者が、自らは日本史料に関してしか専門家でないにもかかわらず、難解な手書きのロマンス語による原文書の解読能力が求められる東西交渉史の専門外のことに関わる慶長遣欧使節のことについて、あたかも、その件に関しても権威者であるようなことを書いたり語ったりすることにある**。つまり慶長遣欧使節関係の在外史料は、言語のことだけを考えても誰でも易々と扱えるものではない。ロマンス語の解らぬ人はまず研究者とは言い難い。だからといって私はそういう人たちが語ったり、書いたりしてはいけないと言っているのではない。本書でも詳しく述べるが慶長遣欧使節研究の**専門家でない史家があたかも専門家であるかのように堂々と発表することが**、ただでさえ複雑な当該使節の解明を一層難しくしているように思えるのである。

　何の研究者かわからないと思われがちだが、私は大学、大学院での専攻は、「経営学」であった。とりわけ、わが国における「危機管理学研究」の創出者（パイオニア）として長年研究に携わり、これまで国内外において約200編の学術論文を発表し、また、数十回の学会・国際シンポジウム報告を行い、数十冊の学術書を上梓している。つまり国際経営学と危機管理学を専門とする経営学者として、社会（学界）に対し、一応の役目を果たしていると自負している。したがって、傍から見れば私の歴史研究（支倉常長・慶長遣欧使節）は、経営学（危機管理学）研究の片手間に、趣味でやっている程度としか映らないようである。実際、私が自著書『捏造された慶長遣欧使節

論考』で東北大学名誉教授田中英道氏による慶長遣欧使節史に関する誤謬を批判したことに対し、同氏から『東北大学学生新聞』紙上で「大泉は海外危機管理学の専門家であり、歴史家ではない」と猛烈に批判されたことがある。しかしながら、私は、若い頃から歴史研究が好きでメキシコ国立自治大学（UNAM）留学当時からライフワークとして一通り歴史の勉強もしてきたつもりだ。現在まで半世紀にわたって本格的な支倉常長・慶長遣欧使節関係の研究に取り組んできた。とりわけ 1979 年 4 月以降、日本大学で教鞭を執るようになってからは、西洋古典学（古典ラテン語）や古典ロマンス語の研鑽を積みながら、関連文書の翻刻・翻訳作業などに取り組んできた。そして長年の研鑽の積み重ねの結果、自他共に認める支倉六右衛門常長・慶長遣欧使節の研究者として、国内外において十数冊の使節関連の学術書や史料集を上梓したのである。

　ところで私は、慶長遣欧使節研究との関連で昔から日蘭・日英交渉史にも深い関心を抱いて、数多くの和英の関連書を繙き通俗的な知識以上のものを、持ち合わせている。しかしオランダ語の原文史料を読む能力がまったくないので専門的な学際研究ができない。そのため当たり前のことであるが日蘭交渉史に関する論文や本を書いたり、語ったりはしないようにしている。

　わが国においては昔から「専門性」については曖昧に認識されており、素人でもちょっと知識を持てば簡単にその分野の専門家になれるという風潮がある。

　松村明編『大辞林』（三省堂刊）によると、「専門家」とは、広義では「ある技芸や学問などの専門的方面で高度の知識、また優れた技能を備えた人」と定義されている。また狭義では、「**その分野を専門に担当・研究し、精通している人**」と定義されている。

　話を元に戻すが、使節一行が訪問したスペインやイタリアにおいて当該使節に関する本格的な学術書が最近まで出版されなかったのは、使節関係のロマンス語の史料が豊富であっても、当時の日本や伊達藩の事情に関する専門的な知識のほか、日本語の古文書の読解などに精通している研究者が皆無であり、当該使節を総体的に理解できる専門家が存在しなかったためである。そのため、研究の必要性があっても誰も取り組めなかったのである。そこで私はこうした東西間における問題を打開するため、長年に亘って

当該使節を共に研究してきた私の畏友で
セビィリャ大学名誉教授ファン・ヒル博
士（スペイン王立言語アカデミー会員）と
共著で、2012年6月にスペイン政府教
育文化・スポーツ省の出版助成金を給
付されて"Historia de la Embajada de
Idate Masamune al Papa Paulo V (1613-
1620)"（『伊達政宗がローマ教皇パウロ5世
に遣わした使節史』）をマドリード市の
Doce Calles 出版社から上梓した。同書
は、スペインで刊行された本格的な当該
使節関係の学術専門書として国際学会
（Congreso Internacional sobre el Galeón de
Manila）やスペイン歴史学会において特
別に紹介され、また、同教育文化省より
学術図書として高い評価を受けて、スペ
イン全国の公立図書館指定図書に認定さ
れた。

図3 "Historia de la Embajada de
Idate Masamune al Papa Paulo V
(1613-1620)"（『伊達政宗がローマ教皇
パウロ5世に遣わした使節史』）

2 歴史を歪める郷土愛―藩祖伊達政宗への敬仰主義―

　慶長遣欧使節に関する謬説が広まっている第二番目の理由は、歴史を歪め
る郷土愛である。歴史学研究と郷土愛とは別の問題であるが、宮城県（教育
委員会）・仙台市博物館や地元大学の関係者らが郷土愛に駆られるあまり歴
史を極端に美化したり、歪曲したり、さらに捏造していることである。
　私は2005年10月に、『支倉常長　慶長遣欧使節の真相―肖像画に秘めら
れた実像―』（雄山閣刊）を上梓し、国宝「支倉常長肖像画」の贋作疑惑を
提示した。そして、2010年12月には、新書版『伊達政宗の密使―慶長遣欧
使節団の隠された使命―』（洋泉社刊）と、2013年9月には『キリシタン将
軍　伊達政宗』（柏書房刊）を上梓した。私はこれらの著書でも述べているが、
伊達政宗がローマ教皇パウルス5世に宛てた自署名、実印のある日本文とラ

テン訳文の慶長18年9月4日付の書状において、
> 「(キリスト教の)聖なる教えの優れていることを拝聴し、それが神聖で正しい教えであり、真の後世の道であることを知りましたが、拠所ない理由のため、まだこれを受け入れていません」

と、キリスト教を讃え、かつ宣教師を奥州へ派遣されたい、大いに布教活動を歓迎すると、およそ心にもない虚言を書かせ、自署している。政宗は、最初から幕府に真っ向から背いてまで本気でキリスト教の洗礼を受けるつもりなどなかったことから書状の中で、「拠所ない理由のため（受洗しておりません）」という曖昧な言葉を用いてスペイン国王やローマ教皇を信用させたのである。仮に、政宗が本気でキリスト教を信仰し、領内に「キリシタン帝国」を築いて、キリシタンや宣教師を保護しようと考えたならば、高槻城領主高山右近のように幕府を恐れず使節を派遣する前に堂々とキリスト教の洗礼を受けてキリシタン大名となっていたはずである。最初からそれができなかったので、計画が失敗した場合のことを恐れて、最も卑怯な二股膏薬の方法をとったのである。結果として、支倉ら使節一行がスペイン国王とローマ教皇との交渉に失敗して自分にとって不都合であると分かると、たちまち本心を現して、領内で匿っていた幕府の迫害から逃れてきた大勢のキリシタンを裏切り、仙台に来たイエズス会のカルヴァリョ神父らを非常に残酷な「水籠の拷問の刑」で処刑した。

この政宗の弾圧についてイエズス会のジェロニモ・デ・アンジェリス神父は、ローマのイエズス会本部へ送った書簡で次のように証言している。
> 「……、政宗は彼（支倉）が日本に帰着したことを聞くと、テンカドノ（tencadono：天下殿・将軍）に対する恐れから、領内のキリシタンを迫害することを決意した」（A.R.S.I., Jap. Sin 34, Documento No. 1-5, f. 37）

もともと、神仏崇敬の念に篤かった政宗は、天下への野望を成し遂げるためにキリスト教界を利用することを考え、「殿の許可がなければ何人もキリシタンになり得ない」という、当時のタテ社会における領主の専制的支配権力に順応した唯一の現実的方法によって家臣や領民に対しキリスト教の信仰に帰依するように勧め、1611年11月（慶長16年10月19日）、家臣や領民がキリスト教に改宗することを許可する布告を発令した（À.G.I. México 299）。それに従って後藤寿庵ら大勢の家臣や領民がキリスト教徒になり、幕府の禁

教令が厳しくなっても政宗に対し最後まで自分たちを保護してくれると固く信じていた。

　政宗がキリシタン弾圧を始めて一年後の1621年（元和7年8月14日）に後藤寿庵ら奥州のキリシタン代表者たちがローマ教皇に連署状（ヴァティカン機密文書館蔵）を送り、政宗に裏切られて大勢の殉教者がでていることを伝えている。この連署状を読んだ教皇は、政宗の君主としてあるまじき二枚舌に呆れ果てたに違いない。

　日欧交渉史研究の第一人者で元京都外国語大学大学院教授故松田毅一博士も述べているが、このような政宗の行為が国際的信義という観点から許されて良いわけはなく、伊達政宗はその点では、日本人の恥を海外に曝し、日本人為政者の言は信用がおけぬということを立証したことになる。これに対し徳川家康は、慶長17年6月、ヌエバ・エスパニア副王宛の書状で、

　　「わが国は神国で開闢以来神を敬し、仏を尊んでいる。仏と神は本質は同じものである。君臣忠義の道を固め、外国との交易は変わることはない。皆神に対して誓いを立て信義の証しとしている。正を守る者は賞せられ、邪をなす者は罰せられ、神の霊験の著しいことは掌を指すごとく明らかである。仁義礼智信の道はこの国にのみにある。しかるに、貴国の用いるキリスト教は我が国に縁のないものであるということがあるから弘法（ここではキリスト教の布教活動の意味）は思い止まり、これをしてはならぬ」

と、当初からわが国においては、キリスト教の布教を禁じると宣言し、そして日本の国法を守らぬことを理由に宣教師とキリスト教徒を断罪した。法治国家の統治者として、その言行は終始一貫しており、国際的に、また必要な宣教師の派遣要請であったが、国内における幕府のキリスト教弾圧が一層厳しくなったからである」（『仙台市史』）と、断言している。しかしこれは方便に過ぎない。そもそもメキシコとの直接貿易の開始を強力に進めようとしたのは日本側（家康および政宗）であり、スペイン側はあくまでも受身の立場で臨んだ。また、日本とスペインとの通商交易に関する交渉段階で、スペイン政府側は家康や政宗に対し、仙台領内でのキリスト教の布教の自由を認めて欲しいなどと要請をしたり、強制したという事実はない。もちろん史料なども存在しない。これは仙台市博物館と関係が深い学者がつくりあげた虚説

である。なぜならば、当該使節派遣時期には既に幕府は全国的なキリスト教の禁教令を慶長17年(1612)8月6日に公布しており、伊達藩も例外ではなく、領内においてキリスト教の布教の自由を許すことは絶対に出来なかった。なお、政宗の遣使の主目的の一つだった「宣教師の派遣要請」は、政宗が伊達藩領内にキリシタン帝国を建設し、政宗がローマ教皇から「キリスト教徒の王」に叙任してもらい、ローマ教皇支配下の「キリスト教徒の騎士団」の創設を認証してもらうことであった。【ルイス・ソテロがスペイン宰相レルマ公に宛てた書簡：1618年2月4日メキシコ発信（A.G.I., México, 299）およびローマ・ヴァティカン機密文書館所蔵「使節一行がローマ教皇に請願した事柄に対するイタリア語表記の回答文書」（A.S.V., Fondo Borghese, Serie IV, No. 63, Lettere dicerse, 1615）を参照乞う】。そのために既述したように、伊達藩内に全国から集結すると思われるキリスト教徒に御ミサを司式し、「告解」や「聖体拝領」の秘蹟を与えるために必要な宣教師の派遣をスペイン国王とローマ教皇に請願したのである。使節団のそのほかの失敗の原因は次に述べるとおりである。

　＊政宗は幕府と合同でメキシコとの直接通商交易の開始を目論んだが、スペイン側にとってメリットが薄く、日本側の要請に真剣に取り組もうとしなかった。そのうえ、「商教一致主義」を標榜するスペイン政府は日本国内における幕府のキリスト教弾圧を厳しく批判していた。

　＊前にも述べたが、支倉ら伊達藩士と日本のキリスト教徒の代表者で編成された「訪欧使節団」のスペインおよびローマ訪問の主目的が極秘事項（アマティー『遣欧使節記』第14章）であったため、支倉もルイス・ソテロもスペイン側に対し終始曖昧な態度を取らざるを得なかった。にもかかわらず、日本国内で幕府のキリシタン迫害が激しくなっている事情を熟知していながら、使節団がスペイン側に対し、「宣教師の派遣要請」を強く請願したため、その矛盾を突かれ、スペイン側が大きな疑惑を抱き、交渉の余地がなくなってしまったのである。

　＊使節団がローマ教皇に請願した事柄の大半が認証されなかった理由は、政宗がキリスト教の洗礼を受けていなかったためである。（A.S.V.,Fondo Borghese, Serie IV, No. 63, Lettere dicerse, 1615）また、スペイン政府がローマ駐在大使を通して事前にローマ教皇庁側に対し、使節団の請願事項をできる

だけ認証しないように働きかけた（A.G.I., Filipinas 1, n.249）ことも使節団の失敗の一因となっている。

しかしながら、宮城県や仙台市博物館の関係者は、こうした新史料の発掘など研究の進展による史実を謙虚に受け入れようとせず、学問的に正当性がない謬説を弘め、その謬説を宮城県内の自治体、教育委員会、地元大学、マスコミ機関などに踏襲させ、頑なに自分たちの虚妄の持論を通そうとしているのである。

3 虚偽の歴史を弘める郷土史家たち

宮城県や仙台市博物館の関係者、そして仙台市博物館と関係の深い学者たちは、こうした史実を悉く隠匿し、県民の政宗敬仰の念を盛り上げる目的で、捏造された歴史、あるいは、美化された虚構の歴史を宮城県民に常識として植え付けてきたのである。その代表的な著書が「新しい歴史教科書をつくる会」元会長で東北大学名誉教授の田中英道氏の著書『支倉常長—武士、ローマを行進す—』（ミネルヴァ書房、2007年）と『支倉六右衛門と西欧使節』（丸善ライブラリー、1994年）である。田中氏の著書に散見される大量の誤謬個所については、拙著『捏造された慶長遣欧使節記—間違いだらけの「支倉常長」論考—』（雄山閣、2008年）で詳細を述べたので、ここでは私が最も慨嘆した捏造事実についてのみ改めて紹介する。

フランスのカルパントラのアンガンベルティーヌ図書館に所蔵されている「サン・トロペ侯の書簡」（Fol.251R.-251V.-252R）に記録されている支倉の容貌に関する記述の捏造である。田中氏は、著書『歴史のかたち日本の美—論争・日本文化史—』（徳間書店、2001年、57～58頁）の中で、拙著『支倉常長—慶長遣欧使節の悲劇—』（中公新書、1999年）に触れて、

「この書で日本人を「ほめない」自虐的な見方をよく示しているのは、（使節一行が）フランスでサン・トロペに立ち寄ったときの、日本人の容貌のことである。氏（大泉）は≪大使を含めて、すべての日本人は極めて小柄で顔は日焼けしていた。鼻は低く、扁平であった。≫……というような記述だけを取り上げている。しかしこの記述は≪<u>日本の使節一行は、いずれも節度ある礼儀を重んじ、つつましい中にも、威厳をそなえ</u>

ていた≫と書かれた文の後に書かれているのである。なぜこの使節をほめた言葉を引用しないのだろうか」
と、述べている。しかしながら、田中氏が指摘しているファーブル氏の書簡のフランス語の原文には太字下線部分の褒め言葉の記述はどこにも見当たらないのである。田中氏は私を批判する目的で元々フランス語原文にない架空の言葉を勝手に創作したのである。つまり田中氏が事実を歪曲し、私があたかも太字下線部分の文章を恣意的に削除して翻訳したように捏造したのである。このような倫理に反する行為は、絶対に許されるものではない。それにしてもなぜ捏造までして歴史を美化しなければならないのか理解に苦しむ。

なお、田中氏は、前述の自著書『支倉常長―武士、ローマを行進す―』の中のグラビアで紹介した、ローマ・カヴァッツァ伯爵所蔵の「日本人武士像」（通称支倉常長全身像）の口絵の画像写真は、同氏が故意に汚して古い画像写真に仕立て上げ≪修復前の証拠写真≫として提示したのである。このようなことは極めて悪質な写真捏造であり、容認されるものではない（拙著『捏造された慶長遣欧使節記―間違いだらけの「支倉常長」論考』を参照乞う）。

4 学術的根拠の乏しい歴史物語

一方、仙台市博物館側の歪んだ定説を弘めて確固たるものにするため、その役割を積極的に担っているのが同博物館と関係が深い歴史学者たちである。その代表格が慶長遣欧使節とは畑違いの日露関係史や日本近世史研究の権威として名高い東北大学教授平川新氏（現宮城学院女子大学学長）である。

平川氏の慶長遣欧使節関係の初めての論文「慶長遣欧使節と徳川の外交」『仙台市史・特別編 8、慶長遣欧使節』所収（以下『仙台市史』と表記す）（仙台市史編さん委員会、2010 年、563 〜 573 頁）の中で、支倉が国王フェリッペ 3 世との謁見の中で手渡した政宗が、慶長 18 年 9 月 4 日（1613 年 10 月 17 日）付で作成した 9 か条から成る≪申合条々（平和条約）≫という協定書（案文）が、徳川幕府の認証を得たものであると次のように述べている。

「……、政宗がスペイン国王に提示した「申合条々」は幕府に内密な軍事同盟だという説がある。しかし後述するように、この協定案は幕府の了解を得て提案したものだと考えるのが妥当であり、内容も通商事項

であって軍事的な内容は含まれていない」(367頁)

しかしながら、平川氏のこの見解は客観的な史料に基づいたものではなく、憶測で持論を述べているに過ぎない。この協定書（案文）は、伊達藩が幕府の了解を得ないで単独で作成したものである。その論拠として次の点があげられる。

＊外交文書である協定書（「申合条々（案）」の作成期日が使節船「サン・ファン・バウティスタ号」が日本（月ノ浦港）を出帆するわずか12日前の慶長18年9月4日（1613年10月17日）であり、正式な手続きを経て、幕府から認証を得るための時間的な余裕がなかったことである。つまり、12日間で仙台と家康がいた駿府（静岡）とを往復して、協定書の条文を検討してもらって認証を得ることは物理的に不可能であった。

＊条文の内容が当時の幕府の政策に真っ向から反している。
(1)「申合条々（案）」第1条には、

　　「貴きデウスの戒律を、我が仙台領内において家臣・百姓に至るまで布教されることについて、少しも妨げることはありませんので、フランシスコ会の宣教師をご派遣下さい。厚遇いたします」

と、記述されているが、慶長18年9月15日（1613年10月28日）に支倉らの使節団が月ノ浦港を出帆する1年以上前の慶長17年8月6日、幕府は土井利勝・安藤重信・青山成重ら江戸の老臣たちが連署して全五箇条の法度を出し、キリシタン禁制を次のように定め、条文の領内通達を義務付けた。

　　「伴天連門徒御制禁なり、もし違背の族あらば、忽ち其科を遁るべからざる事」

この「8月6日令」によって事実上、わが国においてキリシタン禁止が明確に成文化され、法令として諸大名に公布された。「其科を遁るべからざる事」と罰則規定が記されて、領内の一般庶民にもキリシタン禁制が義務付けられた（清水紘一『キリシタン禁制史』）。つまり、慶長17年のキリシタン禁制は、通説のように江戸や駿府などの幕府直轄地と限定されたわけではなく、天皇家や公家の領地、寺社の領地、大名・旗本などの領地も含めて広く適用され、仙台藩も例外ではなかった。なお、慶長17年のキリシタン禁制の詳細については、拙著『キリシタン将軍　伊達政宗』（柏書房刊、2013年、46～48頁）を参照乞う。したがって、「申合条々」の冒頭に記述されているキリスト教

第Ⅰ部　慶長遣欧使節の実像と虚像

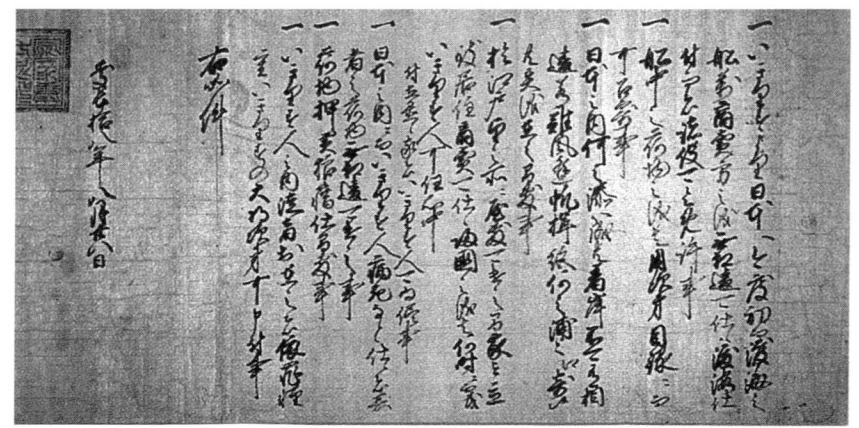

図4　日英国交樹立の朱印状（慶長18年8月28日付〈1613年9月〉）
（英国オックスフォード大学ボドリアン図書館所蔵）

の教えを領内で布教し、家臣や領民たちがキリスト教徒になるため、フランシスコ会の宣教師の派遣を要請することは明らかに幕府のキリシタン禁制に違反するものであり、それは相手が伊達政宗であったとしても幕府が絶対に容認するはずがなかった。

　(2)「申合条々（案）」第8条に、「スペイン国王と敵対関係にあるイギリス人、オランダ人およびその他のいかなる国民でも、当領国内に渡来した者は、すべてこれを裁判に付す。詳細についてはルイス・ソテロが口頭で申し上げます」。なお、第8条のスペイン語訳では、「……すべて彼ら（イギリス人とオランダ人）に裁きを下す。そして彼らに死刑を命じる」となっている。これは、スペインの敵国であるイギリス、オランダ両国を政宗の領内から排斥することを約束したのである。すなわち単なる通商条約というより、軍事同盟の提議まで踏み込んだものである。

　幕府は慶長14年（1609）にオランダとの正式な国交を結び、平戸に「平戸オランダ商館」の設置を認め、通商交易を既に始めている。また、使節団が日本を出帆する約1カ月前の慶長18年8月28日（1613年9月）に、徳川家康は英国と正式に国交を結んで通商交易を許可し、平戸に「イギリス商館」が設置された。なお、日英間の国交樹立を示す証拠となる家康の「朱印状」は、現在、オックスフォード大学ボドリアン図書館に所蔵されている。したがっ

28

て、第 8 条に記述されている条文は明らかに幕府の対外政策に反するものであり、本協定書そのものを幕府が認証したとは考えられない。

(3) また平川教授は、「申合条々(案)」には軍事的な内容は含まれていないと指摘しているが、仙台藩内におけるガレオン船(軍艦)の建造および修復(資材、船大工、鉄工などの提供)、軍人も含む乗組員への援助などは、必ずしも通商交易のためだけではなく、軍事的な要素も含まれていたと考えるのが妥当である。ちなみに、当時は 500 石積以上の船を国内で建造することが禁止されていたので、幕府の特別な許可なしで仙台藩が勝手に造船許可をスペイン側に与えることは出来なかったはずである。さらに日本国内でスペイン人と日本人との間で争い事が生じた場合、日本人をスペイン側に引渡して、スペインの法律に基づく裁判でその処分を決めると記されているが、これは仙台藩が独立国として、スペイン人に対して治外法権の権利を与えるものであり、これを幕府が認証するはずがなかった。

以上述べた通り、船が出帆する直前に作成されたこの「申合条々(案文)」の内容は、明らかに幕府のキリシタン禁教方針やオランダおよびイギリスとの関係を重視する対外政策に真っ向から反するものであり、伊達藩が独立国といえども幕府側から見れば間違いなく謀叛行為に等しいものであった。それ故に「申合条々(案文)」は仙台藩単独で作成されたものであり、幕府の認証を得たものではないと考えるのが妥当である。

5　虚偽に基づく慶長遣欧使節史
　　―濱田直嗣氏の「震災復興派遣説」―

「政宗が通商に固執した背景として、慶長 16 (1611) 年、三陸に大津波が押し寄せ、沿岸部が甚大な被害を受けた事実 があるのを見落としてはなりません。慶長使節は、復興プロジェクトという面をもっているのです (原文のまま)」(「伊達政宗、慶長使節 400 年の謎」『トランヴェール』第 26 巻第 4 号〈通巻 301 号〉、2013 年 4 月、11 頁)

と、まるで新説であるように発表したのが元仙台市博物館長で現在、サン・ファン・ミュージアム館長の濱田直嗣氏である。しかし、この新説を裏付ける史料的根拠が全くない。この新説には明解な反論が寄せられている。そ

の主なものが、菅野正道氏の「慶長地震の評価をめぐって」（『市史せんだい』第 23 号、2013 年）と、佐々木徹氏の「慶長遣欧使節をめぐる諸問題―大使支倉の名乗りと「震災復興派遣説」について―」（『仙台市博物館調査研究報告』第 34 号、平成 25 年度）の二つの論文である。両氏とも「資料的な根拠が全くない」という共通の見解で反論している。

　こうした多くの反論が寄せられているにもかかわらず 2013 年、スペイン国内で使節一行出帆 400 年を記念した同国政府主催の支倉関係の展示会においてパネルを用いて濱田氏の「仮説」が断定的に紹介されたのである。問題はいくつかあるが、その一つが日本スペイン交流 400 周年事業としてマドリードの「装飾博物館」（Museo de Artes Decorativas de Madrid）で 2013 年 6 月 12 日～9 月 29 日まで開催された「支倉常長とその時代展」において、オビエド大学教授カワムラ・ヤヨイ女史らが国際交流基金の支援を受けて支倉常長一行のスペイン派遣の意図や背景、旅程をパネルや写真で解説した。その解説の中でカワムラ女史は、政宗のスペインへの使節派遣の目的を濱田氏の「震災復興派遣説」を取り上げてあたかも真実のように解説した。そのため多くのスペインの人たちに誤解を与える結果となった。もう一つは、国内においても「東日本大震災後の東北地方（太平洋側）の復興」という状況と軌を一にし、時宜を得た見解であったために、新聞やテレビ、雑誌などに大きく取り上げられた。とりわけ、2013 年 1 月 2 日に放映され、濱田氏が自ら出演し解説した NHK 総合テレビ番組「伊達政宗と慶長遣欧使節」および、同氏が監修した「伊達政宗、慶長使節 400 年の謎」（トランヴェール 301、東日本旅客鉄道株式会社、2013 年）において、「震災復興派遣説」を裏づけされた新史実のように紹介したことは極めて残念なことである。そして、このような濱田氏の説の著書『政宗の夢　常長の現―慶長使節四百年』（河北新報出版センター、2012 年）が日本図書館協会選定図書に選ばれたことは、特に、全国の子供たちに虚偽の歴史を伝承することになり、誠に遺憾なことである。

　以上のように、平川、濱田両氏は、客観的な証左になる史料が何も存在しないにもかかわらず先入観や感情による錯誤説を新史実のように発表している。すべての歴史学研究の基礎は、研究素材としての史料の収集、正確な読解、そして史料批判（史料の分析）である。

　歴史研究の基本は、「過去に実際にあったことである」ということを証明

することである。それを証明するためには、「証拠」が必要である。その「証拠」となるものが「史料」である。だからと言って私は原文史料に書かれていることがすべて史実とは思っておらず、史料と史実とは別問題であることも認識し、また史実を明らかにするためには特定の史料だけではいけないことも十分承知している。しかしながら、史料がなければ史実を見出すことは不可能となり、歴史事実は憶測に留まってしまうのである。ところが、両氏の肩書の影響で、宮城県民は謬説であっても歴史事実として受け止めそれが常識となって定着してしまっているのである。いずれにせよ、平川、濱田両氏共に、慶長遣欧使節研究者として本を出版したり、語ったりするのであれば、歴史界の常識として扱う原史料のロマンス語（古典ラテン語、古典スペイン語、古典イタリア語等）を理解する必要がある。これらの言語に通ぜずして翻訳史料のみによることは非常に危険である。往々にして翻訳者の解釈があり、後述する『大日本史料』第十二編之十二や『仙台市史・特別篇8、慶長遣欧使節』（仙台市博物館）などの資料集の邦訳に散見されるような誤訳や疎漏があり、オリジナル史料から読むような正確な深い印象を受けないのである。ちなみに、両氏の当該使節に関する著書や論文では、すべて借用史料のみの使用であり、証拠価値のあるロマンス語のオリジナル史料の使用は皆無である。

　以上述べたように、宮城県では郷土愛に駆られて史実を歪曲したり、解釈を改竄することは、明治時代からあり、今始まったことではない。松田毅一博士は、自著書『伊達政宗の遣欧使節』（新人物往来社、1987年、26頁）の中で、次のように嘆いている。

　　「私は昭和44（1969）年の夏、「伊達政宗の遣欧使節」に関して、使節が船出した月ノ浦の浜辺で東北の2人の方と鼎談し、それはNHKテレビで全国に放映された。私はその談話の間に、この地の方の政宗敬仰の念があまりにも篤く、学究としてのまともな話も通じないことが判り馬鹿馬鹿しさを堪えざるを得なかった」

　こうした宮城県民の極端なまでの政宗敬仰は、今なお多くの大阪市民が豊臣秀吉を敬仰していることに似ている。だが、太閤秀吉が、晩年いかに朝鮮出兵に関して悪逆無道、かつ無謀無智とも言えることを行い、また、多くのキリシタンを残酷に処刑したことなどは史実として認めざるを得ないことで

ある。歴史学研究と郷土愛とは別の問題で郷土愛に駆られて史実を誤認してはならない。

6 真実を語る歴史書を嫌う郷土愛

　ところが、前述した拙著『伊達政宗の密使』は、政宗がキリシタンと手を結んで討幕を図ろうとしていたことと、政宗による残虐なキリシタン弾圧に関する衝撃的な内容であるためか、特に仙台市博物館の関係者から敬遠されているようである。

　2013年5月、私は家内を伴って約1年振りに仙台市を訪れ、常宿先の仙台ガーデンパレスの隣のビルにある仙台市立榴ヶ岡図書館に立ち寄ってみた。出入口近くの郷土史関係の書棚に1年前に並んでいたはずの前記拙著を含めた私の支倉・慶長遣欧使節関係の著書がすべて撤去されていることに気付いた。撤去した理由を館員に尋ねてみたら、以前書棚に拙著数冊があったことを認めつつ、驚いたことに上司からの指示があって撤去したことを告白したのである。つまり、仙台市博物館などの関係者が仙台市民に定説を覆す真実が書かれている拙著を読ませたくないという郷土愛から撤去させたのではないかと、その時は勝手に推察した。それに同新書は、完売し再版が望まれたにもかかわらず、出版社は絶版にしてしまったのである。私は版元の編集長に「しかるべき公的機関か有力者から圧力でも掛けられたのですか？」と、問い合わせたところ、版元側はそうではないと言っていたが真相は闇の中である。

　ところで昨年（2014年）8月、同図書館を再度訪れてみたら、『伊達政宗の密使』を除く拙著2冊が珍しく書棚に並んでいた。一方、2013年は使節出帆400年の節目の年で、宮城県や仙台市主催で多種多様な使節関連のイベントが開催された。2013年11月1日の宮城県主催の「慶長遣欧使節出帆400年記念事業「希望の風」フォーラム」の企画の段階で、宮城県から企画運営を委嘱された地元のイベント会社から同年4月24日付のFAX MAILで宮城県主催のフォーラムのパネラーとして出席を依頼された。二つ返事で引き受けたのであるが、1週間後にその会社から突然断りの電話連絡があった。私の出席を嫌った関係者が企画会社に圧力を掛けて断らせたのであろう。

序章　虚構の「支倉常長ブーム」を憂う

顧みれば、こうした同様のことが1991年12月に慶長遣欧使節船「サン・ファン・バウティスタ号」復元募金委員会設置に伴う宮城県主催の記念講演の講師選考でもあった。その時は当初は京都外国語大学教授（当時）の松田毅一博士か、支倉を題材にした『侍』（新潮社刊）の著者で文化勲章受章者の芥川賞作家遠藤周作氏のどちらかを講師に招いて講演会を開催する予定であった。ところが、開催直前になって両氏共、伊達政宗および支倉六右衛門に関し否定的な見方をしているという理由で実現しなかった経緯がある。その穴埋めのために突然私に講演依頼が舞い込んできたのである。私に白羽の矢を立てたのは、長男に「常長」と名を付けた宮城県（大河原町）出身の支倉研究家という理由からであった。実はその時既に私も松田・遠藤両氏同様、使節に関する定説に対し否定的な考えを持っていたのである。しかし講演日も近かったので断るわけにもいかず引き受けたが、この時は伊達政宗を批判するような話ではなく、支倉が政宗から命じられた使命を果たすために「百折不撓」の精神を以て外交交渉に挑んだことについて話をした。

　このように宮城県や仙台市当局は史実を歪曲してでも伊達政宗や支倉使節団を誇大評価して後世に伝えようとしているのである。もちろん、地元の自治体だけでなく、本来であれば第三者の立場を貫かなければならないはずの地元の大学を含めた教育機関やマスコミ関係機関も足並みを揃えているようであり、伊達政宗や支倉六右衛門に対し、否定的な見解を示す研究者やジャーナリスト等を締め出している。

7　地元大学から開催を拒まれた「慶長遣欧使節」関係の史料展

　私は1964年にメキシコ国立自治大学（UNAM）へ留学して以来、50年間にわたって、メキシコ、スペイン、イタリア及びポルトガルの有力大学や古文書館の高名な「古文書学」の専門家に指導を仰いで、ロマンス語表記の手稿原文書の翻刻技術およびロマンス語の読解の修練に励んだ。その結果、「まえがき」で既述したが、膨大な当該使節関連の手稿原文書の翻刻及び邦訳を行い、2010年3月及び2013年3月に待望の『支倉六右衛門常長「慶長遣欧使節」研究史料集成』第1巻及び第2巻を（株）雄山閣から上梓することが出来た。

第Ⅰ部　慶長遣欧使節の実像と虚像

　前記『支倉六右衛門常長「慶長遣欧使節」研究史料集成』第1巻および第2巻の「書評」が幾つかの新聞や学術誌などに掲載されたが、同史料集成の内容をより詳細に知ってもらうために、二つの書評を紹介することにする。一つは2010年（平成22年）6月10日付『東奥日報』に掲載されたわが国におけるキリシタン史研究の第一人者として著名な慶應義塾大学名誉教授高瀬弘一郎氏による書評である。もう一つは、2014年7月に刊行されたキリスト教史学会の紀要『キリスト教史学』第68集に紹介されたキリシタン史研究の権威日本女子大学教授村井早苗氏の書評である。まず前者の高瀬弘一郎氏の書評は、以下のとおりである（原文のまま）。

　　「キリシタン時代、わが国からポルトガル、スペイン国王やローマ教皇のもとに2度使節が派遣された。天正少年使節と慶長遣欧使節であるが、この2度の使節は、その性格や意義に大きな違いがある。

　　天正少年使節の企画者は、日本におけるカトリック教会の確立に向けて強力なリーダーシップを発揮したイエズス会士ヴァリニャーノであって、その使節の狙いは、日本イエズス会の布教成果をヨーロッパの本国政府や教会関係者に誇示して、彼らの理解と協力を得ることに主眼があったと言ってよい。縁につながる少年たちを実際に派遣した大友・大村・有馬といったキリシタン大名の側には、明確な目的意識があったとは認められない。

　　これに対し慶長使節の方は、企画したのはフランシスコ会の宣教師ルイス・ソテロであり、イエズス会への対抗的な野望に燃えていた。何よりも九州3大名とは異なり、家臣の支倉六右衛門をスペイン国王やローマ教皇のもとに派遣した伊達政宗にとって、気宇壮大な野心を秘めての遣使であったと言ってよいであろう。天正使節は帰国に際し、活字印刷技術を導入するなど文化史上特筆すべき貢献があったが、こと国際および国内の政治や貿易といった方面から見れば、慶長使節の重要性は天正使節のそれを圧倒するといえよう。

　　大泉光一氏は、この慶長使節についての研究をライフワークとしておられる。すでに同使節に関する重厚な研究業績があり、2006年度和辻哲郎文化賞を受賞されるなど、その研究はきわめて高い評価を博している。そして氏はさらに、ご自身の研究を深化・展開させるのと並行して、

慶長使節に関する史料の集成を志し、今回その第1巻として表題の書物を上梓された。

　慶長使節に関する史料といえば『大日本史料』12編之12全巻をそれに当てた関係史料集成が、あまりに有名である。明治42年の出版であるが、その後同使節について研究する者は皆、この史料集に依存してきた。しかしこの度、大泉氏は、この『大日本史料』収載史料の邦訳文を克明に精査されてその誤りを正し、さらに南欧各国やメキシコの文書館で新出史料を採録され、しかも原文の複写史料とその翻刻を付けて精密な邦訳を載せるという、史料集として範とすべき構成をなしている。各国語にわたる古文書からの邦訳の難儀は、想像を超えるものがあろう。今回の出版は、史料集成の第1巻であり、私を含めキリシタン研究者は等しく今後本書の恩恵に浴し、そしてさらに続編への期待を膨らませている。

　思えば慶長使節は、明治6年に岩倉具視使節団がヴェネツィアの文書館で支倉六右衛門の文書を見たのが、わが国でこの分野の研究が着手される契機となったもので、きわめて意義深い研究課題である。大泉氏が本課題に一貫して取り組んでおられることは、学界にとってまことに貴重である。」

次に、後者の村井早苗教授の書評は、以下の通りである（原文のまま）。

　「昨二〇一三年に出航四〇〇周年を迎えた「慶長遣欧使節」の研究については、キリシタン禁制下にあって日本側の史料が限定されており、メキシコ、スペイン、ヴァティカンなどに伝存された厖大な史料の博捜や検証が重要であることは周知のことであろう。この困難な研究に約半世紀にわたって携われたのが、本書の著者大泉光一氏である。本書は二巻にわたり、スペインをはじめ各国の文書館・図書館・研究機関などが所蔵する遣欧使節関係の史料を調査、訳出、解説された史料集であり、原文と邦訳および解説より成り、詳細な註が付けられている。

　第一巻には、第Ⅰ部　シピオーネ・アマーティ著『伊達政宗遣欧使節記』、および第Ⅱ部　ローマ・イエズス会文書館・スペイン国立シマンカス総文書館・インディアス総文書館・メキシコ国立文書館などが所蔵する慶長遣欧使節関連史料が収められている。

第Ⅰ部『伊達政宗遣欧使節記』は全三一章より成り、難解な古典イタリア語で記されている（ローマ教皇パウルス五世への献呈辞だけはラテン語）。著者のアマーティはイタリア人の歴史家・言語学者で、使節一行の通訳・訪問地の交渉役を務めた。アマーティはマドリードからローマに到着するまで使節に同行しており、マドリード到着以前については、フランシスコ会士ルイス・ソテロや支倉六右衛門常長から聞知して執筆した。そのために従来、マドリード以前の記述については、信憑性がないとされてきた。しかし大泉氏は、第一三章‐第一五章の江戸におけるキリシタンの捕縛、投獄、迫害の様子やソテロの投獄、釈放から使節派遣までの経緯については日本側史料と符合するので信憑性があるとされている。勿論、ソテロや支倉常長は、実際あった出来事も語ったであろうと考えられるから、さらなる検討が必要であろう。この『遣欧使節記』の邦訳は、従来、部分訳や抄訳はなされてきたが、今回初めて大泉氏によって全訳が成された。原文が付されているので、今後、この『遣欧使節記』の検討と日本側史料による検証に大きく貢献するだろう。

第Ⅱ部では、イエズス会士ジェロニモ・デ・アンジェリスの書簡五通などが収められている。アンジェリスの書簡はローマ・イエズス会文書館所蔵で、日本語雑じりのポルトガル語で記されている。そして五通中四通を、大泉氏が初めて翻刻・翻訳されている。アンジェリスは①一六一九年一一月三〇日付書簡で、使節派遣はソテロの策略で、大使支倉常長については斬首に処せられた者の子で、道中に遭遇する苦難を想定して大使に選ばれたのであり、さらに伊達政宗は教皇やスペイン国王に大使を派遣することは想定していなかったと記している。②一六一七年一一月二八日付書簡では、ソテロの使節派遣の目的は日本の大司教座と大司教を得ることであるとして、ソテロの日本再潜入を阻止するように求めている。実際ソテロは使節の日本への帰途、マニラに残留している。③一六二〇年一一月三〇日付書簡では、支倉帰国により政宗がキリシタンへの迫害を開始し、幕府が使節派遣の目的に強い疑惑を持っていると述べている。④一六二〇年一二月付および⑤一六二〇年一一月三〇日付書簡では、支倉棄教の噂と仙台領での迫害の開始を伝えている。これらのアンジェリスの書簡について大泉氏は、当時の噂や第三者からの

話をもとにして記述されていると指摘、ソテロの評価については、ポルトガル系イエズス会とスペイン系フランシスコ会の対立や微妙な関係があり、また同時代のフランシスコ会士ディエゴ・デ・サンフランシスコがすぐれた修道士として評価していることに触れられている。また支倉の棄教についても、断定が困難であるとされている。

第二巻は第一巻と同様に、大泉氏が海外の文書館や図書館で発掘した新史料の紹介と、『大日本史料』第十二編之十二の中から特に重要だと思われる文書を取捨選択し、海外で採録した原文書と突き合わして転写漏れ・誤写や誤訳の字句を修正し、再翻刻・再邦訳を行ったものである。古典ラテン語や古典スペイン語による難解な文書が含まれている。以下、興味深い記述を紹介していきたい。

先ず一六一四年のスペイン語で記されたヌエバ・エスパニア副王のスペイン国王、インディアス顧問会議等に宛てた覚書では、日本の諸侯は交易の利益を考えて神父たちを全面的に追放しないとし、皇帝（徳川家康）はフランシスコ会士を仲介者としてヌエバ・エスパニアとの通商開始を期待、熱望しているとする。そして一六一四年九月三〇日付で大西洋上の「聖ヨセフ号」から発信されたスペイン国王フェリッペ三世宛支倉六右衛門書簡（披露状）では、伊達政宗が家臣たちにキリスト教徒になるように布告したとある。この書簡で伊達藩とヌエバ・エスパニアとの通商・交易に関してまったく触れられていないことに、大泉氏は注目されている。

またヌエバ・エスパニア副王の支倉への評価が、「また大使（支倉）は重責を担う人物であり、その交渉に能力があり、非常に信頼されております。そのため修道士たちは陛下（フェリッペ三世）が彼に対して栄誉と恩恵を与えられるべきであると言ってました」とある。同副王は、一六一一年に副王大使として来日して一六一三年に遣欧使節の船に同乗して帰国したセバスティアン・ビスカイノとソテロとの対立についても述べている。

そして帰国後の支倉常長については、ソテロのローマ教皇宛ラテン語書簡に関する異端審問委員会長官の覚書（一六二四年）には、伊達政宗が帰国した支倉を歓待したと記されており、興味深い。さらにヴァティ

カン機密文書館に所蔵される日本のキリスト教徒のローマ教皇パウルス五世宛ラテン語書簡（一六一三年一〇月一日付）では、長崎に居住する司教に加えて他の（イエズス会以外のすなわちフランシスコ会）司教が必要であると請願している。

以上、いくつか興味深い点を指摘してきたが、大泉氏は遣欧使節の目的がヌエバ・エスパニアとの通商・交易の開始とローマ教皇への使節派遣に分離し、さらに伊達政宗は本気で日本国内で迫害を受けていた三〇万人以上のキリスト教徒と手を結び帝国（幕府）を攻撃して「キリシタン帝国」を建設しようとしていたのであろうとされている。

本書は、半世紀にわたって各国に所蔵されている史料を調査され、翻刻・翻訳・解説された大変な労作である。巻末には複写史料編も添えられている。語学に疎い紹介者にとっては気の遠くなるような仕事だが、今後、この膨大な史料と取り組んで研究を進めていかなくてはならないだろう。」

さて、私は半世紀にわたる当該使節研究のために海外で渉猟した膨大なロマンス語表記の原文史料の写本（邦訳付）を中心に、当時の風景・建造物などの銅版画、稀少な古銭（17世紀のスペイン100レアル大判銀貨〈1633年製〉など）、アブラハム・オルテリウス作「ヌエバ・エスパニア（メキシコ）全土最古地図（原画）」（1579年制作）、スペイン国王フェリッペ3世、レルマ公爵、ボルゲーゼ枢機卿、ローマ教皇パウルス5世などの肖像画、伊達政宗のローマ教皇宛書状（レプリカ）、アマティー著『伊達政宗遣欧使節記』（ドイツ語版1617年刊写本〈オーストリア国立図書館所蔵〉）、芥川賞作家遠藤周作氏の支倉常長を題材にした小説『侍』（新潮社刊）のメキシコ取材に関する自筆手紙、直木賞作家城山三郎氏の慶長遣欧使節に関する自筆文書など、膨大な資料を所有している。そして2010年10月に初めて在職している青森中央学院大学の図書館情報センター主催で「支倉六右衛門・慶長遣欧使節関係史料展」を開催し、青森市民の多くの人たちに観覧していただいた。

2013年は使節団出帆400年を記念して同様の資料展を宮城県内で開催して、客観的な原史料を通して当該使節派遣目的の真相について、特に宮城県内の若い世代の人たちに伝えることに情熱を燃やしていた。そして地元の二つの私立大学へ「支倉六右衛門常長・慶長遣欧使節関係史料展」の開催の打

序章　虚構の「支倉常長ブーム」を憂う

図5　京都外国語大学主催「伊達政宗の支倉常長・慶長遣欧使節関係海外資料展」
左写真右は筆者、左は妻の陽子（京都外国語大学）

診をしてみた。残念ながら両方の大学から年中行事が決まっているから等の理由で断られてしまった。特に、T大学の博物館館長は、わずか4行足らずの返信メモに、

　　「……、当館はT大学の研究成果を展示することが原則ですので、（大泉の研究と）内容もかなり違っております。（慶長遣欧使節の史実に関する）内容はむしろ仙台市博物館にあっているように思います」

と、返事をしてきた。だが、私が同大学へ打診したのは、私が半世紀に亘って海外の文書館や図書館で渉猟した当該使節関係のロマンス語の原文史料展であり、私個人の歴史観による研究成果の展示会ではない。あくまでも客観的な原文史料に語らせることによって使節派遣の真相を学生や仙台市民に知ってもらうことを目的としたものであった。それを拒否するということは学生や市民に伊達政宗の実像を知られたくないからだろうか。少なくとも大学組織は、教授陣の個人的な価値観や都合で可否を判断するのではなく、あくまでも中立的な立場で様々な研究成果について公表すべきであると思われる。本来、正しい歴史を教示しなければならない大学組織までが「歪んだ史実」を支持するようでは宮城県、強いては日本の将来が危ぶまれる。

　このような次第につき、仕方なく宮城県内の大学での史料展開催を諦観し、宮城県外の大学へ開催の打診をしたところ、京都外国語大学が快諾してくれた。同大学では日本スペイン交流400周年記念稀覯書展示会と同時開催で、同大学スペイン語学科創設50周年記念行事として「伊達政宗の支倉常長・慶長遣欧使節関係海外資料展」を2013年10月1日～8日までの1週間開催してくれた。予想以上の多数の学生や一般の人たちが観覧してくれたが、改

39

めて京都外大の関係者に対し、深甚の謝意を申し上げたい。また、同年10月1日には私の特別講演会「幻のキリシタン将軍伊達政宗―海外原文書が語る支倉常長・慶長遣欧使節派遣の真相―」を開催してくれた。特別講演会にも、200人以上の学生や一般市民の人たちが興味深く熱心に聴講してくれた。このような生涯の思い出に残る機会を与えて下さった京都外国語大学理事長・総長森田嘉一氏を始め、坂東省次教授など関係者に対し心より感謝の意を表したい。

　ところで、話は前後するが、2013年12月に京都外大で展示使用した当該使節関係の資料を支倉六右衛門の伝承墓がある宮城県柴田郡川崎町の郷土資料館に寄贈したいと考え同町町長に打診したところ断られてしまった。多分、断ってきた理由の一つは、川崎町教育委員会が仙台市博物館側に歩調を合わせたからであろう。そしてもう一つの理由は、1994年4月に同町教育委員会が円福寺の支倉の伝承墓の後ろに、建立した東北大学T教授（当時）の「支倉六右衛門の壮挙を讃えて」と題する「支倉常長公碑文」の石碑の内容に私が異論を唱えたからであろう。この碑文には使節一行の史的事実が歪曲された文章で綴られている。その詳細な誤謬内容については拙著『捏造された慶長遣欧使節記』（雄山閣）に譲ることにする。私は同町の教育委員会の幹部諸氏に碑文と説明碑の内容が著しく史実と異なる点を指摘し、後世には正しい歴史事実を残すべきであることを強く主張し、石碑を取り壊すか、または削って書き直すべきであることを強く主張した経緯がある。しかし川崎町教育委員会はそれを実行しようとはせず歪曲された歴史をそのまま後世に残すことに賛同し、またT教授の権威を守ろうとしているのである。このようにわが国では史家の主情的な独断や偏見によって発表された事柄が、後に間違いであったことが判明してもほとんど訂正されることなく、間違ったまま定着して後世に引き継がれることが多い。これではいつまで経っても日本人の歪んだ歴史観を変えることはできないのである。

8　翻訳大国の落とし穴―誤訳だらけの翻訳書が散在―

　話を本題に戻すが、慶長遣欧使節の謬説がひろまっている第三番目の理由は、当該使節に関するロマンス語による海外原史料の訳出や解釈が不適切で

序章　虚構の「支倉常長ブーム」を憂う

あることである。

　日本は外国語の書籍や論文を日本語に翻訳して紹介するいわゆる翻訳大国である。多くの日本人のなかで英語をはじめフランス語、ドイツ語、スペイン語などの外国語の原書を読める人はほんの一握りに過ぎない。そのため日本に無い新しい知識を得るためや海外の事情を知るためにどうしても翻訳に頼らざるを得ないのである。それだけに翻訳者には語学能力だけでなくモラル（倫理性）が求められるのである。小説の翻訳はともかく、翻訳者の専門知識不足、あるいは語学力の乏しさが原因で誤訳や倫理に反する翻訳をすればとんでもない誤認が生じるのである。本書で詳細を述べるが慶長遣欧使節に関する古典ロマンス語の原文書の翻訳においても、一つの語句の誤訳によって文書全体の意味が全く異なってしまっているケースが多く散見されるのである。この点に関しては豊富な事例を挙げて後述することにする。また、「プロローグ」でも述べたが、翻訳者が恣意的に勝手に内容を変えたり、省略したりして翻訳することである。慶長使節関係の資料集でも散見される問題であり、この点に関しても豊富な事例を挙げて後述することにする。

　近年、若い世代の人たちがどんどん海外へ留学するようになり、語学力も昔に比べてかなり向上しているように思える。ただ、辞書に載っている語句をそのまま直訳したり、解らない部分を勝手に省略して翻訳する場合がある。そのうえ、古典ポルトガル語の翻刻・翻訳に長年携わっている慶應義塾大学名誉教授高瀬弘一郎氏も同じように述べているが、若い研究者は、原文の正確な意味を理解する読解力が非常に乏しく重厚さが感じられない翻訳文が多くなっている。本書でも取り上げたが例えば、難解な古典ラテン語の翻訳で、辞書に載っていない語句の翻訳を省略したり、原文のまま片仮名で書いて誤魔化してしまう場合がある。このような場合通常は「一部判読不明」「一部意味不明」「一語判読不可能」などと記述すべきである。翻訳者にとって大事なことは、解らない語句を出来る限り徹底的に調べる根気強さである。

　繰り返し述べているように、私も半世紀にわたって慶長使節関係の古典ロマンス語表記の難解な手書きの原文書の翻刻・邦訳を手掛けてきた。翻刻・翻訳に当たっては、まず、何よりも原文の意図を損なわないように気を配っている。そして能う限り誤刻・誤訳をしないように心掛けている。しかしそれでも気付かぬ誤刻・誤訳があるのはどうしても避けられないので、特に難

解で複雑な訳文には原文史料を付け加え疑問に答えられるようにしている。

　言うまでもなく難解な古典ロマンス語の翻刻・翻訳作業には時間と大変な苦労が伴うが、わが国では翻刻および翻訳だけでは、研究者の業績として評価されることは極めて少ない。

　余談になるが近年、わが国政府は文化や日本の歴史を海外に紹介する（翻訳）書籍の出版などのために特別な予算を投入して力を入れている。こうした中、スペインでも現地の大学機関や研究所に籍を置く日本人研究者による日本紹介の出版物が年々増えており、日西間の文化交流の促進に役立っているようである。

　しかしながら、日本の歴史や伝統文化についての日本語を単に翻訳していたのではロマンス語での発想に繋がらない。つまり日本的発想で日本語によって書かれたものを翻訳したのでは、肝心な内容が十分伝わらないのではないかという懸念がある。ロマンス語的発想で、翻訳されることを前提として書かれた日本語の資料を訳すのであれば、きちんとした翻訳で十分内容が伝達できることになる。日本企業の伝統的な経営文化論に関する研究成果をまとめて「経営学博士号」の学位論文として発表したのがスペイン国立バリャドリード大学（1241年創立）企業組織管理学部（現在の商学部）で人事・労務管理論などを教えているルイス・オスカル・ラモス・アロンソ教授（Prof. Luis Oscar Ramos Alonso）（現在同大学アジア研究センター所長）である。通常、スペイン人による日本関係の研究は、日本語から英訳され、さらにスペイン語に翻訳された文献を使用した研究が主である。そのため、日本語の曖昧な表現［たとえば、「このようなことで宜しいでしょうか」］、又は［「～は否定できない」］や微妙なニュアンスを正確に伝える（翻訳する）ことが困難であった。そこで同教授は、私の指導の下で、日本企業の伝統的な経営文化の特質（以心伝心、事なかれ主義、根回し、本音と建前など）をスペイン語的（ラテン的）発想でまとめ、2002年3月、「日本的経営における文化摩擦―人的資源管理へのアプローチ―」（La incidencia cultural en el management japonés —una aproximación a la gestión de los recursos humanos—）（全文564頁）と題する重厚な学位論文として発表した。同論文はスペイン国内だけでなく中南米諸国を含めたスペイン語圏内でスペイン語による初めての本格的な日本の経営文化論（日本の「和」の思想を含む）をテーマにした学術論文である。こ

序章　虚構の「支倉常長ブーム」を憂う

の学位論文は、インターネットを通じて世界中に発信され、とりわけスペイン語圏における日本企業の経営システムや日本的思想の普及に多大な貢献をしている。

　日本の歴史・文化・経済などについて日本人専門家が現地語で書いて出版するケースはまだまだ稀少である。スペインには、日本史に造詣が深く、日西文化・経済交流史の権威として知られ、「日本の農業経済史」など数冊のスペイン語による専門書を出版しているスペイン国立マドリード自治大学（Universidad Autónoma de Madrid）名誉教授近藤仁之博士がいる。同博士は在西四十年以上でスペイン人女性と結婚し、マドリード自治大学で「経済学博士号」（Ph.D）を取得後同大学教授となり、約半世紀にわたって日西間の文化交流促進に多大な貢献をしている。

図6　大泉陽一著 "La IED y la estrategia para el desarrollo económico de México"（『海外直接投資とメキシコの経済発展戦略』）

　最近では近藤博士の後輩になるが、2010年11月29日にマドリード自治大学から「経済学博士号」（Ph.D）の学位を取得した私の次男陽一（ロンドン在住）が、2013年6月、メキシコの出版社から "La IED y la estrategia para el desarrollo económico de México"（『海外直接投資とメキシコの経済発展戦略』）（Plaza y Valdes Editores刊、211p.）と題する開発経済学の専門書を全文スペイン語で書いて上梓した。この著書の中で、わが国の偉大な国際経済学者として知られた一橋大学元教授赤松要博士（1896～1974）の"一つの産業の発展メカニズム（雁行形態の基本型）とより高次な産業に次々と多様化していくプロセス（雁行形態の変型）という一国的（国内的）発展の究明に重点をおいた"いわゆる「雁行型経済発展論モデル」をスペイン語圏内で初めて紹介し、日本人経済学者の偉大な業績の宣布に貢献している。しかしながら、こうした出版物の中にあって最近私がスペインで入手した慶長遣欧使節に関

43

するスペイン語による歴史書の中に、残念ながら誤謬が多く散見され、史実を歪めて伝えている内容の出版物がある。それらの出版物のうち、オサム・タキザワ著 "La Historia de los Jesuitas en Japón"（日本におけるイエズス会士たちの歴史）という全文スペイン語で書かれた小冊（全文173頁）がある。この著書の主な内容は、イエズス会の日本における宣教活動のほか、16・17世紀の日本におけるキリスト教史についてそれぞれ簡潔に解り易く叙述されている。特に、難解な日本語の古文書のスペイン語訳は適訳であり、申し分のない翻訳である。ただ、同書には幾つかの重要な欠陥が指摘される。一つは、文中の日本語の古文書のスペイン語訳で和（邦）暦（永禄〈Eiroku〉、天正〈Tensho〉等）のみで西暦が記されていないため現地の読者が理解することができない。二つ目は、重要な年代・年号や史実などに誤植とは思えない誤謬が非常に多く散見されることである。参考までに同書第三章（6）「慶長遣欧使節」関係（128～133頁）の主な誤謬箇所を幾つか挙げて見る。

① 【同書、128頁】"El 15 de septiembre de 1613 un señor feudal Date Masamune, envió a la Santa Sede una delegación llamada Keicho Shisetsudan."「1613年9月15日に大名伊達政宗は慶長使節団と呼ばれる使節団をローマ教皇庁へ派遣した）」とあるが……伊達政宗が慶長遣欧使節団を派遣した正確な期日は、1613年10月28日、つまり、慶長18年9月15日である。タキザワ氏は、出帆年月日を西暦1613年10月28日と記述すべきところを邦暦（慶長）9月15日と間違えて記述している。

② 【同書、129頁】"Resulta que en enero de 1614 Sebastián Vizcaíno, junto con el delegado de Date Masamune embarcaron en el barco San Juan Bautista."「セバスティアン・ビスカイノは、1614年1月に伊達政宗の使節団と一緒にサン・ファン・バウティスタ号で出帆したというわけである」と記述しているが……1613年10月の誤りである。

③ 【同書、129頁】"El 23 de octubre entró en Sevilla."「使節団は（1614年）10月23日にセビィリャに入った」は誤謬であり、使節団のセビィリャ到着は1614年10月21日頃である

④ 【同書、130頁】"El 30 de enero de 1630 esta delegación fue recibida en audiencia por el rey de España en Madrid y solicitó relaciones comerciales presentando la carta de Date Masamune."「この使節団は、1630年1月30日

序章　虚構の「支倉常長ブーム」を憂う

にマドリードにおいてスペイン国王（フェリッペ3世）の謁見を受けた。そして伊達政宗の書状を奉呈して通商交渉を申請した」とあるが……使節団が国王に謁見したのは、1614年1月30日であり、**通商交渉というよりは、むしろ宣教師の派遣要請を強く求めたのである。**

⑤【同書、132頁】"El 20 de octubre de 1615 entró en Roma." 「1615年10月20日にローマに入った」とあるが……使節団のローマ到着は1615年10月25日である。

⑥【同書、132頁】"El 29 de mismo mes (Octubre) Hasekura Tsunenaga fue recibido en audiencia por el Papa, a quien pidió que sirviera de intermediario para facilitar el comercio con España." 「支倉常長は（1615年）10月29日にローマ教皇の謁見を受け、教皇にスペインとの交易を容易にするための仲介の役を依頼した」とあるが……まず、公式の謁見式が行われたのは、1615年11月3日であり、支倉は謁見式では、伊達政宗の親書を手渡し、宣教師の派遣要請や司教の任命、政宗のキリスト教徒の王の叙任、騎士団創設の請願などと共にスペイン本国ではなく、ヌエバ・エスパニア（メキシコ）との通商交易の開始のためのスペイン国王への仲介ではなく働きかけを請願したのである。

⑦【同書、132頁】"Hasekura visitó otra vez a Felipe Ⅲ para recibir respuesta acerca del intercambio comercial." 「支倉は通商交易に関する返事を受け取るために再びフェリッペ3世を訪問した」とあるが、まず、支倉はローマからスペインへ戻ってからスペイン国王陛下とは再び会ってない。次に、1617年4月24日付、セビィリャ発信で支倉常長がスペイン国へ宛てた書簡（A.G.S., Estado Español, 263）には、宣教師の派遣要請が主で、通商交易に関しては、書簡の最後の部分で、「もしヌエバ・エスパニアから日本への通商交易が不可能であれば、スペインとの直接通商交易を認めてください」と、述べているに過ぎない。

以上述べた以外に、三つ目の問題としてTakizawa氏の著書は、一次史料の原文書を一つも使用しておらず、日本国内で出版されている二次史料的な翻訳本（例えば、ファン・ヒル著／平山篤子訳『イダルゴとサムライ』法政大学出版局〔原書はJuan Gil著 "Hidalgos y Samurais, España y Japón en los siglos XVI y XVII" Âlianza Editorial〈Universidad〉, 1991〕）や日本人研究者の日本

45

語の著書のみに依拠している。そのうえ、日本語の参考文献の日本語文をスペイン語に翻訳せずにそのまま記述しており、現地人読者が理解することが出来ない、等の問題が指摘される。こうした問題を解消するには、まず若い研究者は決して驕らず謙虚な気持ちをもって、基礎研究（スペイン語の古文書学の翻刻・翻訳技術の修錬、歴史学の基本等）に励むことである。そして、前述の近藤博士のような日西双方の歴史に精通している専門家の助言を受けながら研鑽を積み重ねることが大切である。

9　間違いだらけの新聞・雑誌の書評
――誤謬や謬見を弘める最大の要因に――

「書評」とは、主に新刊の本の内容を紹介、批評した文章のことであるが、わが国では新刊書が出版されると版元が新聞社や雑誌社に書籍を送付し、「書評」欄に紹介してくれるように依頼するのが慣例化しているようである。新聞社の中には書評委員会を設置し、各ジャンルの専門家（作家、大学教授、評論家等）に書評を書いてくれるように依頼するケースが多い。だが、短評は新聞社の編集員が担当しているようである。もちろん、新聞社や雑誌社に強力なコネがあれば本の内容に関係なく優先して書評を載せてくれる場合がある。ちなみに欧米における新聞や月刊誌などの「新刊図書の紹介」は、本の主な内容についての紹介が多いが、書評の場合は必ず評者名を掲載する。

　さて、ここで近年発行された支倉六右衛門・慶長遣欧使節関係の刊行物の書評内容について検証してみる。まず、書籍全体に誤謬個所が数多く散見される田中英道著『支倉常長』（ミネルヴァ書房刊）に関して月刊誌「V」のワンポイント書評（2007年8月号）では、次のように評している。

　　「……。本書は、使節の歴史的な意義を問い直す画期的な一冊である。当時の外交分析はもちろん、支倉使節をめぐる聖フランシスコ会とイエズス会との鞘当での分析もじつに興味深い。また、欧州に残された支倉常長の肖像画の詳細な検討も美術史家の著者ならではといえよう。日本からの使節が、いかに当時の欧州人に驚きと尊敬とを抱かせたかが、一枚の絵画を読み解くことで生き生きと浮かび上がるのは、まさに圧巻である」

序章　虚構の「支倉常長ブーム」を憂う

と、絶賛している。このほか、前記書に関する新聞、雑誌の書評は何れも真実とかけ離れた評価がなされている。

　まず、書評執筆者は、田中氏の著書に多くの誤謬があることに気付かず、本に書かれている内容はすべて真実であると信じ込んで絶賛したのであろう。しかしながら、評者が慶長遣欧使節に関する多くの謬説を事前に知っていたならば、田中氏の著書の内容が、全体的に歴史を美化していることに気付いたはずである。特に、評者は田中氏がフランシスコ会とイエズス会の対立に関してカトリック教会内部の事情に疎いにもかかわらず、一方的にイエズス会を侵略者の先兵であると決めつけ事実に反することをあたかも真実のように歪曲して攻撃している点を認識すべきであった。そのうえ、ローマにある「日本人武士像」(通称支倉常長全身像)に関する私の加筆・改作説を覆すために、画像写真を捏造して証拠写真として提示するという、看過できない歪曲・捏造が目立ち、田中氏の倫理性が問われるのである(拙著『捏造された慶長遣欧使節記』117～123頁参照)。したがって、このような書評は逆に謬説や謬見を弘めることになり、好ましくないのである。いずれにせよ、新聞、雑誌に掲載される書評は読者が本を購入する際に参考にすることが多いので、評者は公平で偏りのない評価をする必要がある。

　次に、2013年11月18日付の地方紙「K紙」に取り上げられた太田尚樹著『支倉常長遣欧使節　もうひとつの遺産―その旅路と日本姓スペイン人たち―』(山川出版社、2013年8月)の書評である。K紙には、

　　「著者は、コリア・デル・リオ在住の郷土史家らとの出会いを通じ、支倉常長に随行した慶長遣欧使節の構成員の中に、帰国を断念してスペインにとどまった者がいたことを知る。著者は現存する史料から、残留者数の割り出しを試みた。仙台藩、スペイン、メキシコの記録から9人説が浮上している。彼らはなぜ祖国を捨てるに至ったのか。……」

と、著者の太田氏は現存する史料からコリア・デル・リオに残留した日本人の数を割り出し9人説を浮上させたと紹介されている。しかし太田氏が指摘しているような史料は現存していない。客観的事実に基づかない誤謬の歴史をこのような解説で新聞に掲載したならば、多くの読者が真実として受け止めてしまうのである。なお、この点について第2章で詳しく説明させてもらうことにする。

第Ⅰ部　慶長遣欧使節の実像と虚像

　以上、使節関係の既刊書の書評の問題点を述べてみたが、前者及び後者の書評のいずれも評者の氏名が記述されていないが、欧米のように評者の氏名を必ず記述することを慣例化すべきである。

参考文献

大泉光一『支倉常長―慶長遣欧使節の悲劇―』（中公新書、1999 年）
大泉光一『支倉常長　慶長遣欧使節の真相―肖像画に秘められた実像―』雄山閣、2005 年
大泉光一『捏造された慶長遣欧使節記―間違いだらけの「支倉常長」論考』雄山閣、2008 年
大泉光一『伊達政宗の密使―慶長遣欧使節団の隠された使命―』洋泉社、2010 年
大泉光一『支倉六右衛門常長「慶長遣欧使節」研究史料集成』第 1 巻、雄山閣、2010 年
大泉光一『支倉六右衛門常長「慶長遣欧使節」研究史料集成』第 2 巻、雄山閣、2013 年
大泉光一『キリシタン将軍　伊達政宗』柏書房、2013 年
José Koichi Oizumi, Juan Gil "Historia de la Embajada de Idate Masamune al Papa Paulo V（1613-1620）"（『伊達政宗がローマ教皇パウロ 5 世に遣わした使節史』）Doce calles, 2012
太田尚樹『支倉常長遣欧使節　もうひとつの遺産―その旅路と日本姓スペイン人たち』山川出版社、2013 年
清水紘一『キリシタン禁制史』教育社、1981 年
仙台市史編纂委員会『仙台市史・特別編 8、慶長遣欧使節』仙台市、2010 年
Takizawa, Osamu "La Historia de los Jesuitas en Japón"（『日本におけるイエズス会士たちの歴史』）Universidad de Alcalá, 2010
田中英道『支倉六右衛門と西欧使節』丸善ライブラリー、1994 年
田中英道『歴史のかたち日本の美―論争・日本文化史―』徳間書店、2001 年
田中英道『支倉常長―武士、ローマを行進す―』ミネルヴァ書房、2007 年
濱田直継嗣『政宗の夢 常長の現―慶長使節四百年』河北新報出版センター、2012 年
濱田直継嗣「伊達政宗、慶長使節 400 年の謎」『トランヴェール』第 26 巻第 4 号〈通巻 301 号〉、JR 東日本、2013 年
松田毅一『伊達政宗の遣欧使節』新人物往来社、1987 年

第1章　慶長遣欧使節研究に不可欠な要件とは
―超難解な使節研究の課題―

1　慶長遣欧使節史に関する諸学

1）ヨーロッパにおける「古文書学」の誕生と発展
―古典ロマンス語原文書の翻刻（字）・邦訳の困難性―

　日墨・日欧間に及ぶ壮大なスケールのもと、諸学上の一大アポリアの領域たる伊達政宗の家臣支倉六右衛門（通称常長：1571 〜 1622 年）・慶長遣欧使節の研究は、伊達藩の極秘事業で、キリシタン関係という理由から国内における関係史料は殆どすべて抹消されているため、当該使節の全貌を知るためには使節団が訪問したメキシコ（当時の名称はヌエバ・エスパニア）、スペイン、イタリアおよびフランスの文書館や図書館に所蔵されている海外史料にすべて依存しなければならない。そのうえ、当該使節研究には、通常の歴史研究に求められる専門知識以外に、スペイン語、ラテン語、イタリア語、ポルトガル語、フランス語の五ヵ国語による古典ロマンス語の「古文書学（paleografia）」の高度の学識（難解な手稿古文書の翻〈字〉刻［古文書の活字化のこと］技術及び翻訳能力等）及び中世カトリック教会とその教義・信仰に関する十分な知識が求められる。特に、前者の「古文書学」は新原文史料の採録だけでなく、既存の原文史料の裏づけや再検討の際にも必要不可欠な最も基本的かつ高度な要素である。これらの能力と史実に対する新たな視角と冷静な判断力、客観性を併せ持つことが求められる。

　ヨーロッパ諸国における「古文書学」は古文書を研究する歴史上の一つのカテゴリーであり、史科学の一分野と見なされる。主に古文書の様式分類を研究目的とした。「古文書学」と「公文書学（diplomática）」はヨーロッパ文化が形成された 17 世紀末に科学的研究の成果としてフランスで誕生した。この科学的な「古文書学」研究の中心的な人物は「歴史考証学の父（Padre della paleografia）」と称され、「歴史のための弁明」と評価された科学的根拠に基づいた『古文書学』（De Re Diplomatica, 1681 年）の著者であるフラ

ンスの聖ベネディクト修道会司祭（Presbyteri Monachi Ordinis Sancti Benedicti）ヨハネス・マビヨン師（Dom Joannis Mabillon：1632〜1707年）である。彼は、文書の作成年代と文書の真偽は全く関係なく、古い時代の文書を書いた紙の素材や保存条件によって今日まで伝わり得ることを指摘した。そのうえで真偽を確かめる方法として書式や文面などが当時の文書のそれに適ったものであるか否かという文書が持つ内的性格の調査が欠かせないことを指摘した。

マビヨンはドイツ、スイスやイタリアなどヨーロッパ各地の修道院の図書館やそのほかの施設に保管されている膨大な古文書の採録調査を行って写本を作成した。こうしたマビヨンの調査活動はヨーロッパ各地において高く評価されるようになり、古文書学・歴史学の研究に大きな功績を残した。

図7　歴史考証学の父　マビヨン神父

ところで、前述したようにヨーロッパでは17世紀以前は古文書の真贋を判断する方法は確立されていなかった。ところが、三十年戦争の際に当事者双方が証拠として持ち出した古文書の中には不正確な内容に写本や偽文書などが少なからず含まれており、中には比較的最近になって作成されたものを由緒ある歴史的文書に見せかけたものまで現れた。そのためどの文書が本物でどの文書が偽物なのかを正確に見極める技術が求められるようになった。この大きなテーマに本格的に挑戦した最初の人物は、マビヨンとほぼ同時代のイエズス会士ダニエル・パーペンブレック（Daniel Van Papenbroeck：1628〜1714年）であった。1675年に彼はイエズス会で編纂されていた『聖人伝』の中において「古文書序説」という章を設けて、古文書の真贋判定の必要性を唱えてそのヒントになると思われる原則をいくつか提唱した。

2）慶長遣欧使節の関係「古文書学」の基本要素
　　―ロマンス語の「略語」と翻字（転写）技術の習得が不可欠―

問題のある書評例で触れた太田尚樹がその著書で、「はじめは当時のイス

第1章　慶長遣欧使節研究に不可欠な要件とは

パニア語のくせや個々の筆跡に慣れないとはじめは少々読みづらいが、慣れてくると苦にならなくなり、380年という時間の空白を感じさせない生き生きとした支倉の姿が甦ってくる」（太田尚樹著『ヨーロッパに消えたサムライたち』角川書店、1999年、185頁およびちくま文庫2007年、243頁）と、特別に「古文書学」を学ばなくても、筆跡に慣れると苦にならなくなり、簡単に解読できると「古文書学」について平然と述べている。しかしながら、事はそれほど簡単でも単純でもない。私の経験からすれば「古文書学」というものは、それを真摯に学び難解な文体の翻（字）刻作業に長年にわたって研鑽を積んできた者でなければ真の翻刻技術の難しさを知ることは出来ない。

　さて、古文書学と密接な関係がある諸学問には碑文（銘）研究（epigráfica）、関係図書目録を研究する書誌学（文献学：bibliográfica）、公文書学（diplomática）、貨幣やメダルを研究する古銭学（numismática）などがある。

　古文書学の研究者は、難解なロマンス語の手稿古文書を判読することが出来るようになるためにまず、原文書《textus（羅）、textos（西）、testo（伊）》に記されている言語と記号（graficas）を完全にマスターしなければならない。すなわち、手稿古文書の「字（文）体（estilos）」や「略語（abbreviazione〈伊〉、abreviaturas〈西・葡〉」および「語句転綴（anagramas）」などである。これらの知識には古い原文書を判読（解読）することが出来るようになる「古文書学」の不可欠な要素である。これらのうちで最も難解なのは、アルファベットの様々な形の文字（字体）と「略語」を覚えることである。

　ロマンス語によって多少異なる「字体」とラテン語のように数千もある「略語」を覚えなければ古文書を解読することは出来ない。

　このようにロマンス語による古文書を解読するのは容易なことではなく、ロマンス語を母語にする研究者でさえも大学・大学院、専門学校や歴史研究所などで「古文書学」を専門に学ばなければ難解な手稿原文書を解読することは困難なのである。

　「古文書学」を学ぶための専門学校は18世紀になってようやくヨーロッパ各地に設立されるようになった。例えば、ローマの古文書および公文書の専門学校（Scuola di Paleografia e Diplomática di Roma）が設立され、1884年にはローマ教皇レオーネ13世によってヴァティカン機密文書館（A.S.V.）及びローマ教皇庁付属図書館に所蔵されている膨大な手稿および印刷された報

第Ⅰ部　慶長遣欧使節の実像と虚像

表1　ロマンス語の主な省略語、略語例

ロマンス語の種類	略　語	ロマンス語句・邦訳
ラテン語	A.	Absolvo（完成する、解く）、Actum（行為、処置）、Aedilis（古代ローマの役人）、Aes（青銅）、Ager（荘園、地方）
	A.A.	Aes alienum（負債）、Aurum argentum（金銀）
	B.M.V.	Beatae Mariae Virginis（至福の処女マリア）
	COL.	Collega（仲間、同僚）、Collegium（官僚、団体）、Colonia（植民者、移民）、Columna（柱、支柱）
	DN, DNS, DNUS	Dominus（主、支配者）
	D.N.I.C	Domini nostril Iesu Christi（我らの主イエス・キリスト）
	EPS., ES.,Episc.	Episcopus（司教）
	N	Natio（出生、種属、人種、国民）、Natus（生まれた、生来の）、Nefastus（神の掟によって禁じられている、不敬の）Nepos（孫、子孫、甥）、Neptunus（海の大神）、Nero（ローマのClaudia族における姓）、Nomen（名、称号、家（系）、Non（ない）、Nonae（ローマ古暦の3・5・7・10月の第7日、および他の月の第5日）、Noster（我々の）、Novus（新しい、若い）、Numen（合図、神の意志、高貴）、Numerius（ローマ人の名）、Numerus（数、部分）、Nummus（貨幣）
スペイン語	Tpo	Tiempo（時間、時）
	Xpiana	Cristiana（キリスト教徒）
	XPO	Cristo（キリスト）

（筆者作成）

告書、記録文書および外交文書の保管や目録作成を専門に担当する人材育成のために「ヴァティカン付属古文書・公文書・文書記録係養成学校」（La Scuola Vaticana di Paleografia, Diplomatica e Archivistica）が設置された。

　慶長遣欧使節関係史料のうち最も多いのがスペイン語とラテン語による古文書である。これらの古文書は異なる筆記者の癖のある字体で書かれており、数多くの略語が含まれていることから、判読にはそれなりの豊富な知識と経験が求められる。特に、ローマ教皇のラテン語文書（答書）には難解な略語が多く用いられている。ちなみに、古代ローマ時代及び中世時代のラテン語の略語の数は1,000以上あるが、私が学んだだけでもアルファベットの【A】

第 1 章　慶長遣欧使節研究に不可欠な要件とは

表 2　ローマ・カトリック教会用語の略語例

ラテン語の略語	ラテン語句	邦　訳
Absoluo	Absolutio	（告解後の）赦免
Appatis	Approbatis	承認された
Aucte	Auctoritate	権限、権力によって
Canice	Canonice	教会法
Card	Cardinalis	枢機卿
Coione	Communione	聖体拝領
Confeone	Confessione	告解（絶対奪格）
Constbus	Constitutionibus	教令、教憲、（修道会の）会憲
Ecclae	Ecclesiae	教会の
Lia	Licentia	許可
Mir	Misericorditer	慈悲深い
Ordio	Ordinario	教区司教、教会裁治権者
Penia	Poenitentia	贖罪、告解の秘跡
Peniaria	Poenitentiaria	（教皇庁の）内赦院、贖罪司祭の職務
Pontus	Pontificatus	教皇の職位、在任期間

（筆者作成）

に該当する略語が 125、【B】に該当する略語が 71、【C】に該当する略語が 111、【D】に該当する略語が 72 というように各アルファベットに該当する略語が数限りなくある。また、表 1 の「ロマンス語の主な省略語、略語例」に示した【N】項の N の略語だけで 15 の語句に該当するのである。

　そのうえ、表 2 に示したようなカタコンベ（Catacumbas）（初期キリスト教徒の迫害避難所）の碑文に多く使用された（ローマ・カトリック）教会用語の略語がある。これらの教会用語の略語は、主として、ローマ教皇の答書（Rescriptos Apostólicos）、ミサ典礼書（Litúrgicas）、スコラ哲学書（Escolásticas）、暦年書（Cronológicas）などで用いられた。

　慶長遣欧使節関係の古文書でラテン語文に次いで多いのがスペイン語文である。スペイン語は、ラテン語から派生したロマンス語の言語であり、カスティーリャ王国の言語として Castellano（カスティーリャ語）と呼ばれ、統一国家ができてから現在の Español（スペイン語）と呼ばれるようになった。

　ラテン語の初期のアルファベットは、a, b, c, d, e, f, g, h, i, k, l, m, n, o, p, q, r, s, t, v, x の 21 文字だけであった。その後紀元前 50 年に y, z の文字が付け

53

第Ⅰ部　慶長遣欧使節の実像と虚像

表3　ラテン語のアルファベット

第 1 章　慶長遣欧使節研究に不可欠な要件とは

例 1：「慶長使節のローマでの
請願に対するインディアス顧問
会議の国王陛下への意見書」
(1616 年 4 月 16 日付、マドリード
発信：A.G.I., Filipinas, 1. n.249)

【翻刻文】
Consejo de Indias

A 16 de äbril de 1616
Con consultas del consejo de portugal
la tratar de las pretensiones que tubo
en Roma, el Japón con el
de allí
Esta bien lo que parece y vease si sera
bien darles algo para su viaje y cuanto
sera y con esto se acabe con ellos de todo.

【邦訳文】
インディアス顧問会議

1616 年 4 月 16 日
ローマにおける請願についてのポルトガル顧問会
議の意見書およびローマから戻る日本人について

意見書の内容について了解しました。日本人の旅行に必
要な物を何か与えるか、また（旅費の）金額について検討
するように。これをもって彼ら（日本人）との件はすべて
終わりにするように。（国王の花押）

例 2

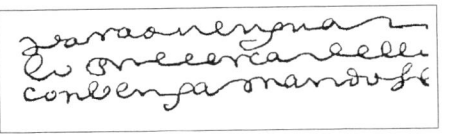

【翻刻文】Para averiguar
lo que cerca dello
conbenga mandose
【邦訳文】そこの近くのものを
調べるために、都合が良さそう
なのでご命じください。

図 8　慶長使節関係の古典スペイン語文書の翻刻・翻訳例

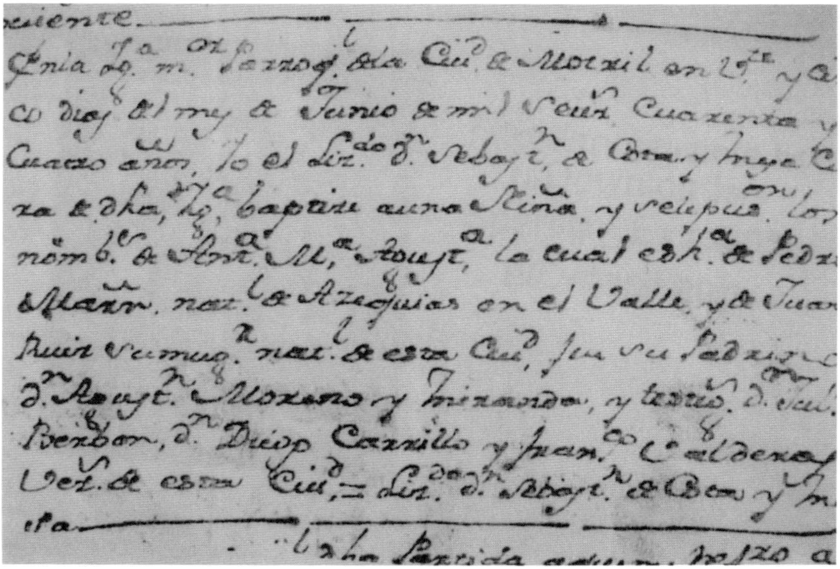

第Ⅰ部　慶長遣欧使節の実像と虚像

図9　スペイン語の手稿古文書

加えられた。kの文字はスペイン語には取り入れられなかったが、外来語のために使用された。また、Ch, ll, ñ は植民地時代に通常のアルファベットに加えられた。

　スペイン語の古文書には、原文書を記述した人物の教育水準によって原文書の文字や綴りに誤りがある場合がある。また、［図8］に示したような原文書には、冠詞と名詞、動詞と名詞が結合している語句や、逆に、名詞が2つに切り離されている語句が多くあり、数字は、MDCXV＝1615のようなローマ数字が使用されている。

　さらに次に挙げるような可変性の文字が使用されている。例えば、i-yには Iglesia/Yglesia があり、y-j には Hoya/Hoja があり、ph-f には Josepha/Josefa などがある。また j-x-g には Jiménez/Ximenez/Gimenez などがあり、c-s-z には、Garcia/Garsia/Garzia, Lezuza/Lesuza/Lesusa などがある。k-w には、Cakayim, Pakay などがある。b-v には Noventa, nuebe, veynte などがある。u-v には Vso, Abendaño, Vniuersidad などがある。そして、原文書には多くの略語が多く用いられており、［図9］に示した僅か12行の古典スペイン語文の中に35の略語が使用されている。最も一般的な略語には、

56

X = Cristo、Xbl, Xpbl = Cristobal、H.L. = Hijo Legitimo（嫡出子）、Ma = Maria などがある。

3）原文書の転写（翻刻）技術の進歩
—19世紀中頃に使節関係文書の目録化および翻字化—

　スペインでは 1880 年になって初めてスペイン語の「古文書学」の本格的な研究書『スペイン語の公文書の基礎知識』がムニョス・イ・リヴェロ（Muñoz y Rivero）によってマドリードで出版された。その後 1889 年になって同じムニョス・イ・リヴェロが "Manual de Paleografia Diplomática Española de los Siglos XII al XVII"（『12世紀～17世紀までのスペイン語による古文書及び外交文書の手引き』）（498頁）（図10参照）という本格的な専門書を刊行した。こうしたスペイン語の古文書の略語や文字の研究と同時に転写（翻字又は翻字）（Transcripción〈西〉,Transcricão〈葡語〉）技術の進歩によって、インディアス総文書館やシマンカス総文書館に所蔵されている膨大な古文書の解読（翻字）作業と目録作りが進められたのである。

　これらの膨大な古文書の中に夥しい数の慶長遣欧使節関係の文書が含まれており、1850～1860年代頃に主要な関係文書が目録化され、翻字作業が進められたものと思われる。その結果、1860年から1869年までセビイリャ市文書館の公式修史官（史料編纂官）だったドン・ホセ・ヴェラスケス・イ・サンチェス（1826～1879年）が、セビイリャ市文書館だけでなく、インディアス総文書館やシマンカス総文書館に所蔵されている使節関係の古文書の採録調査および古文書の目録作成や翻字作業に携わり、1862年に、慶長遣欧使節一行のセビイリャ市滞在記録の小冊

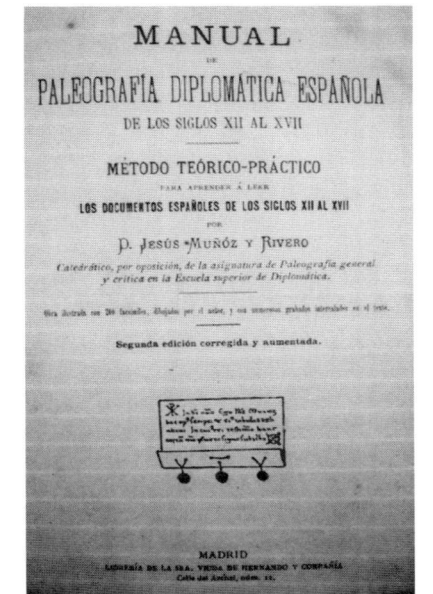

図10　ムニョス・イ・リヴェロ著『12世紀～17世紀までのスペイン語による古文書及び外交文書の手引き』の表紙

子"La embajada Japonesa en 1614, Historia Sevillana"(『1614年における日本使節セビイリャ訪歴』)を初めて出版した。1873(明治6)年5月28日に岩倉具視を特命全権大使とする「米欧使節団」がイタリアのヴェネツィア市を訪問した。その時、同市の文書館で支倉六右衛門の書状を見せられて、初めてその事績を知ったが、その10年以上も前に既にスペインにおいて支倉六右衛門常長・慶長遣欧使節の史実が一般の人たちに知られていたのである。また、イタリアのヴェネツィアにおける岩倉使節団の現地側接伴委員の一人であったG.ベルシェー(Guglielmo Berchet)が1877年にヴェネツィアにおいて「天正少年遣欧使節」と「伊達政宗の慶長遣欧使節」の2つの日本使節に関する著書"Le Antiche Ambasciate Giapponesi in Italia"(『イタリアにおける昔の日本使節』)(139頁)を出版した。G.ベルシェーはこの著書を執筆するに当たり北イタリアのモデナ国立文書館やジェノヴァ国立文書館などで渉猟・採録した多くの原文史料を使用している。

ところで、わが国において「古文書学」という用語は"Diplomatica"の訳として、明治20年代に近代日本の歴史学における先駆者である久米邦武(1839〜1931年)により導入された。「古文書学」として学問分野で本格的に研究が行われるようになったのは、明治30年代になってからである。明治期にヨーロッパの歴史学から実証主義的な研究法から影響を受け、久米邦武や東京帝国大学名誉教授黒板勝美(1874〜1946年)博士などが中心となり日本における古文書学・記録資料学が発展した。この時期にお雇い外国人教師からイタリア語やラテン語などのロマンス語を学ぶ人が徐々に増え、明治34年に坪井九馬三によってイタリア語表記のアマティーの「伊達政宗の遣欧使節記」が初めて邦訳され、ガリ版刷で出版された。この翻訳本の詳細については後述することにする。

日本国内で最初に出版された支倉六右衛門常長・慶長遣欧使節関係の刊行物は、明治9年12月に出版された平井希昌の『伊達政宗欧南遣使考』(博聞本社刊、63頁)である。

4) 古典ロマンス語の特徴

慶長遣欧使節の研究者は、扱う史料のロマンス語(スペイン語、イタリア語、ラテン語、ポルトガル語、フランス語)を理解することが最低限の条件である。

第 1 章　慶長遣欧使節研究に不可欠な要件とは

表 4　古典ポルトガル語と現代ポルトガル語の邦訳例

古典ポルトガル語	現代ポルトガル語	邦　　訳
Aas…	esquadrâo, ala	群衆、列、派閥
Aazo…	azo, ensejo	理由、口実、機会
Abeu、Aver…	haver	存在する、催される
Abangelho	evangelho	福音
Abastoso	Abundante	豊富
Absolucam	Absolvicâo	罪の赦し
Alabarar,Allaborar…	Queimar	燃やす、焼く、放火す
Consumer	Consumir	消費する、使い果たす
Homurra	honra	名誉、名声、光栄
Allebantar…	alevantar	上げる、起こす、立てる
Genoez	Genovéz	ジェノヴァ
Besinho	vizinho	隣接した、近所
adigua	fadiga	疲労、辛い仕事
Fiquar	ficar	留まる、止まる、泊まる

（筆者作成）

　ロマンス語の原語に通ぜずして翻訳のみによることは危険である。往々にして翻訳者の解釈があり、誤訳や疎漏があり、原語から読むような正確な深い印象を受けないのである。したがって、『大日本史料』第十二編之十二や『仙台市史』などの翻訳書のみに依存している仙台市博物館の関係者の論文や著書には時として公正さを欠く傾向が見られる。

　ところで、日本語にも古典語と現代語があるようにロマンス語にも同じように古典ロマンス語がある。表 4 に示した古典ポルトガル語と現代ポルトガル語の邦訳例に見られるように、古典語と現代語ではスペルが全く異なり、古文書を正確に解読するためには現代用語とは別に古典用語を学ぶ必要がある。例えば、古典スペイン語の apoiado は現代語で apoyado（支持した、手助けした）であり、traxo は現代語の trajo（持ってきた、連れて来た）であり、embie は envie（送る、派遣する）である。

古典スペイン語の翻字（翻刻）および翻訳例

　「フライ・ルイス・ソテロ師がレルマ公爵に送った書簡の翻字および邦訳」

1614 年 9 月 26 日付（A.G.S., Estado Español, 256.2）
【翻刻例】

Jesus sea con Vuestra excelencia y le de su divino amor y cuyo esclarecido nombre a querido Dios suene y sea conocido hasta los fines de la tierra en premio del gran servicio que le a hecho en sea columuna firme de su yglessia que con tanta fidelidad y amor a sustentado en ella todo lo que es virtud y rreligion amparando sienpre a los que a ella se aplican y en particular a la de mi padre San Francisco y muy singularmente a los que en ella son descalços, llegandonos tan assi y a la persona rreal que donde quiera a querido yncorporarnos en su mysma cassa y anymo deuda tan grande para todos los que este abito tenemos que solo Dios la ha podido satisfazer cumpliendolo que a nuestro padre prometio en Vuestra excelencia y dandole el excelente nombre y alto estado que tales obras y amor meressen haziendonos a todos no digo esclavos, pues no permite su nobleza este titulo, sino hijos y capellanes de Vuestra excelencia, y por ser hacienda y bienes del padre toda la adquirida por los hijos la que nuestra sagrada religion con el diuino fauor a adquirido en el xapon determine desde sus principios poneila en manos de Vuestra excelencia, pues por ser nuestro padre y amparo con justo derecho el suya prometiendome que por ser de medios poderosos para traer infinitas almas al conocimiento de Dios y obseruancia de su Santa ley sin las muchas que ya estan adquiridas serian muy aceta (=aceptar) a Vuestra excelencia y assi como abra visto en los rrecaudos del enperador del xapon que del trujo (=traer) el padre Fray Alonso Muños, todos vinieron remitidos a su prouidencia y aora los que de nuevo traygo enbiandome el enperador por la respuesta de su enbaxada y a otra que de nueuo viene del Rey de Voxu, consuegro del enperador, cuyo hijo y hija estan casados con otros dos del dicho, es vno de los mas poderosos del xapon y el que a juizio de todos a de subceder (=suceder) en el ynperio al que aora le tiene embia enbaxador, persona grave y de gran calidad en su corte como V. Excelencia conocera enviendole y pedir con el a su Santidad y a su Majestad rreligiosos mynystros del ebangelio

図11 フライ・ルイス・ソテロ師がレルマ公爵に送った書簡（原文）
[出典：A.G.S., Estado Español, 256.2]

para que le prediquen en su rreyno y todos en el se hagan cristianos. Esta empresa viene tanbien remitida a Vuestra Excelencia con carta presente y embaxada que le embia suplicandole lo disponga y encamine de su mano para que tenga devido efecto, en que trae presta el embaxador su confiança, el con esta escribe a su majestad y Vuestra excelencia en su lengua y caracteres de su tierra y con las cartas va la traduccion dellas en nuestra lengua. Dos tienes me obligaron a esto, el primero y principal das lo suyo cuyo el como dicho tengo y el segundo considerar ser el coraçon de Vuestra Excelencia, tan noble y fertil que qualquiera cossa de virtud y servicio de nuestro señor que en el se siembra produce muy copiossos frutos bastante a llevar las troxes de los mas generosos desseos del aumento die (=del) como confio en la divina Magestad, en cuyo mano esta el coraçon del principe hara en el de Vuestra excelencia maravillosos efectos en sabiendo esto que no se pueda esperar dellos menos que el cumplimiento muy aventaxado de los intentos que desde el cavo del mundo invocando el amparo de Vuestra excelencia nos traen al embaxador y a my, el qual viene muy enterado desto y desseoso de poner sus obligaciones en sus manos. De su parte y de la mya le suplico que atendiendo a lo que dicho tengo y tambien al onor y rreputacion de su Majestad, cuyas sonbras dessean las mas apartadas naciones del mundo. Y Desde el fin del le bienen a buscar para que les cobixe y las cosas de su servicio que de aqui resultaron, que son de mucha consideracion, como despues habra Vuestra excelencia serensima, de mandar dar orden como en sevilla y donde quiera que llegaren sea rrcevido onrrosamente y proveydo de lo nescesario hasta llegar a su pressencia, que en esto estremadamente se señalan en xapon los rreyes y señores con los españoles que alla ban y singularmente el rrey de Voxu, que nos embia quarde nuestro Señor a Vuestra excelencia muchos años de Lamar y de setiembre 26 de 1614 años

Fray Luis Sotelo

(Archivo General de Simancas, Estado Español 256. 2)

【訳述】

イエズス(・キリスト)は閣下と共にあり (Jesús sea con Vuestra Excelencia)、(陛下に)神の愛 (divino amor)を与えられることを祈願しています。閣下が神の教会の堅固な支柱となって行ってきた偉大な奉仕に対する報奨として神は閣下の著名な名が地球の果てまで知れ渡るように望まれました (sea conoscido hasta los fines de la tierra en premio del gran seruicio que le a hecho en ser columuna firme de su iglessia)。すなわち(閣下は)常に多大な忠誠心と愛をもって教会にあって保護されている徳(賢明、正義、剛毅、節制)と信仰であるものすべてを支え、教会に従事する者、特に私の父である聖フランシスコ、とりわけ私が所属している聖フランシスコ跣足会の神父は極貧(跣足で)なので非常に際立っております。国王は至る所で (donde quiera) 私たちにこれほど多くのことを齎してくれました (llegandonos tan assí y a la persona rreal, que donde quiera)。また国王自身の家と魂に私たちを結びつけようと望まれております (a querido yncorporarnos en su mysma casa

第 1 章　慶長遣欧使節研究に不可欠な要件とは

y anymo)。私たちのこの修道会（habito）が得ておりますすべてに対する恩義（deuda）は非常に大きいので、ただ神のみがこれを償う（satisfazer）ことが出来ます（que sólo Dios la a podido satisfazer cunpliendo）。神は私たちの（修道会の）創始者（アッシジの聖フランシスコ）に約束したことを閣下において果たされました。そして閣下のそのような仕事振りと愛に値する名声と高い地位（高位）を与えられました（dandole el excelente nombre alto estado que tales obras y amor meressen）。閣下の威厳（高潔）さがこの称号を許さないために奴隷にされたとは言いませんが、私たち全員を閣下の子供たちではなく司祭になされたのです（haziendonos a todos, no digo esclauos, pues no permite su nobleza este título, sino hijos y capellanes de Vuestra excelencia）。そして、子供たちによって獲得されたすべては父の資産となりそして利益となるのです（y por ser hazienda y bienes del padre toda la adquirida por los hijos）。我らの聖なる修道会が神の恩寵によって日本で獲得したものは、最初から閣下の手に委ねることを決めておりました（la que nuestra sagrada rreligion con el diuino fauor a adquirido en el Xapon determine desde sus principios poneila en manos de Vuestra excelencia）。それは我らの父であり、保護者であるので正当な権利ならば閣下のものです（pues por ser nuestro padre y amparo〈一部判読不能〉con justo derecho es suya）。そして既に獲得されている多くの人々のほかに無数の人々が、霊魂を導いて神を知り、その聖なる戒律（教え）を守るための有効な手段であるために閣下には非常に喜んでもらえるだろうと私に期待しております（prometiendome que por ser de medios poderosos para traer ynfinytas almas al conocimiento de Dios y obseruancia de su Santa Ley sin las muchas que ya estan adquiridas serían muy aceta a Vuestra excelencia）。そしてフライ・アロンソ・ムニョス神父が持ってきた日本皇帝からの伝言（los rrecaudos）を見て分かるように、すべては摂理に従って送られて来たものです（todos vinieron remitidos a su prouidencia）。そして現に皇帝が彼の親書（su enbaxada）の返答を求めて（por la respuesta）私を派遣したために、改めて私が持って（携えて）きた伝言（los quede nueuo traygo）と奥州の王から新しく来た別の親書があります（y aora los que de nueuo traygo enbiándome el enperador por la respuesta de su enbaxada y a otra que de nueuo viene del Rey de Voxu）。彼は皇帝の姻戚であり、彼の息子と娘は皇帝の 2 人

63

の子息と結婚しております。彼（奥州の王）は日本の最権力者のうちの１人であり、現在の皇帝の跡を継ぐだろうと多くの人の意見です（Es vno de los mas poderosos del Xapon y el que a juizio de todos a de subceder en el ynperio al que aora le tiene)。（奥州の王）が大使として彼の王宮（宮廷）における重要人物で高貴の家柄の人物を派遣したことは閣下も彼に会って見れば分ることでしょう（embía enbaxador persona graue y de gran calidad en su corte como Vuestra excelencia conoscera en viendole)。この大使は彼の領国において説教し、その地のすべての人々がキリスト教徒になるための福音の修道士や司祭の派遣を教皇聖下と国王陛下に請願するために来ました（y a pedir con él a Su Santidad y a Su Magestad Rreligiossos mynystros del ebangelio para que le prediquen en su rreyno y todos en él se hagan cristianos)。この企て（偉業）（enpressa）によって閣下に書簡と贈物が送られて来ており、派遣されている使節は（enbaxada que le embía）しかるべき結果（deuido efecto）を齎らされるように閣下自身の権限で調整し指導し（導い）て頂きたいと請願しております（Esta enpressa viene tanbién remitida a Vuestra excelencia con carta, pressente y enbaxada que le embía, suplicandole lo disponga y encamine de su mano para que tenga deuido efecto)。大使はこのことに信頼を置いています（en que trae puesta el enbaxador su confiança)。彼（大使）は国王陛下および閣下に彼の言語と彼の地の文字で書かれたこの書簡と既に我々の言語に翻訳された書簡を一緒に持参しました（Él con ésta escriue a Su Magestad y a Vuestra Excelencia en su lengua y caráteres de su tierra y con las cartas ya la traducción dellas en nuestra lengua)。これに対して私に義務づけられている２つの目的があります（Dos fines me obligaron a esto)。第一の主要な目的は、既に述べたように本来の所有者にそれを与えることです（el primero y principal dar lo suyo a cuyo es como dicho tengo)。第二は、閣下の御心は非常に高貴であり、豊かであると考えられますので（El segundo, considerar ser el coraçon de Vuestra excelencia tan noble y fertil)、我らの主の特性と奉仕についてどんな物でも、それは神が種を蒔かれたものであり（que qualquiera cossa de virtud y seruicio de nuestro Señor que en él se siembra)、私が威厳のある神を信じる（信頼する）ように、神を信じる者を増やしたいという最も高貴な願望である穀物倉庫を十分に満たすために非常にたくさんの実を生

第 1 章　慶長遣欧使節研究に不可欠な要件とは

み出すことです（produze muy copiossos fructos bastantes a llenar las troxes de los más generosos desseos del aumento del, como confio en la diuina Magestad）。君主の心は神の手中にあり（en cuya mano está el coraçon del Príncipe）、閣下の庇護を懇願しながら、世界の端から大使と私を引き寄せる（traen）その意図が非常に優位な形で成熟される以外のことを期待することが出来ないことを知って、閣下の御心に素晴らしい効果をもたらすでしょう（hará en él de Vuestra excelencia marauillosos efectos en sauiendo esto que no se pueda esperar dellos, menos que el cumplimiento muy abentaxado de los yntentos que desde el cauo del mundo ynbocando el anparo de Vuestra excelencia nos traen al enbaxador y a my）。大使はこのことをよく熟知しており、自分の責務（務め）を閣下の手に委ねたいと切望しております（el qual viene muy enterado desto y desseoso de poner sus obligaciones en sus manos）。大使の方からと私の方からもこれまで述べた事柄と、陛下の名誉と名声に対しても配慮するように懇願申し上げます（De su parte y de la mya le suplico que atendiendo a lo que dicho tengo y también al onor y rreputación de Su Magestad）。世界の最も遠くにある国々も陛下の保護を望んでおり、陛下が庇護してくれるように求めてやって来ます。そして陛下も後で知ることになりますが、これから良い結果が出るであろう陛下への奉仕となる諸事は大いに配慮されるに相応しいことです。（使節が）閣下の御前に到着するまで、セビィリャやどこにおいても敬意を払って迎え入れられることが実現し（llegare sea rrecebido onrrosamente）、必要な物を調達してくれるように指示を与えるように命じてくださいますようお願いします（se sirua de mandar dar orden como en Seuilla y donde quiera que llegare sea rrecebido onrrosamente y proueydo de lo nescessario hasta llegar a su pressencia）。日本においては諸王や諸領主はそこに行くスペイン人に対して最高の敬意を払ってくれております（que en esto estremadamente［extremadamente］se señalan en Xapon los rreyes y señores con los españoles que allá ban）。特に、私たちを派遣した奥州の王は際立っております（y singularmente el Rey de Voxu que nos embia）。我らの主が閣下を永年にわたり護って下さいますよう祈念しております（Guarde nuestro Señor a Vuestra Excelencia muchos años）。1614 年 9 月 26 日、洋上より。

　　　　　　　　　　　　　（自署）フライ・ルイス・ソテロ（花押）

第Ⅰ部　慶長遣欧使節の実像と虚像

【解説】
　この極めて難解で癖のある手書きの書簡は「訪欧使節団」一行がメキシコからスペインのサン・ルカール・デ・バラメダ港に向かう「聖ヨゼフ号」の船上で書かれたものである。この書簡にはルイス・ソテロ神父が署名をしているが、筆跡からしてソテロに随行したフランシスコ会の別の神父が書いたものと推察される。
　本書簡の内容の特徴は、使節派遣の目的が仙台領国のすべての人々がキリスト教徒になるための福音の修道士や司祭の派遣を教皇聖下と国王陛下に請願するためであると強調されている点であり、メキシコとの通商交易の開始のための交渉については何も触れられていない。

2　支倉六右衛門・慶長遣欧使節関係史料の所蔵機関及び史料批判

　歴史学研究の基本中の基本作業は、研究素材としての史料の収集、正確な読解、そして史料の信憑性、信頼性を検討する史料批判（史料の分析）にある。収集された史料は正確に読解、把握していかなければならない。慶長遣欧使節研究の場合、ロマンス語で書かれた手書きされた難解な原文書を正しく読むことにも長い修練を積み重ねることが不可欠である。そしてそれをさらに正しく解釈し、分析に供するためには、史料の性格や当時のヨーロッパの歴史的背景を研究することが求められる。
　さて、基本的な支倉六右衛門常長・慶長遣欧使節研究は、①使節団が訪問したメキシコ、スペイン、イタリア及びフランスの文書館や図書館における研究素材としてのロマンス語による史料を収集し、写本を製作してデータとして集積すること。②収集されたロマンス語による史料は正確に翻刻・邦訳し読解、把握していかなくてはならない。③史料批判（史料の分析）にある。史料批判とは、歴史学の研究上、史料を用いる際に様々な面からその正当性、妥当性を検討すること。ちなみに、史料批判の必要性は、例えば使節派遣の立役者であるフライ・ルイス・ソテロ神父が所属するフランシスコ修道会と日本に初めてキリスト教を伝道したイエズス会の対立による利害関係の絡む

史料というものが存在することから生ずる。これらの史料は権利にかかわるものであるだけに、大切に保管される場合も多い。一方、何らかの理由で錯誤が生じ、その史料に誤った説明が加えられて踏襲されることもある。また、これらの偽造や錯誤が、全部でなく、一部であることもある。

　以上のような理由で当該使節の関係史料の正当性・妥当性は、常に注意深く吟味されなければならない。また、史料が語る内容について、有効性や信頼度（どの程度信頼できるかまた、どの程度の証左能力をもつか）を評価する必要がある。これに関しては、証言者は事実を述べることができたのか、事実を述べる意思があったのか、の２点より検討されなければならない。

　慶長遣欧使節関係の一次史料には、使節団が訪問したメキシコ、スペイン、イタリア、フランスの文書館や図書館に所蔵されている大量の公文書や議事録のほかに、教皇勅書、使節の動向を直接記録した日記（チマルパインの日記、ローマ教皇庁儀典日記やファーブル伯爵夫人の日記など）、そして、使節の行動を記録したアマティーの『伊達政宗遣欧使節記』などがある。

　次に、史料分析（批判）の方法としては、第一に、「外的批判」がある。これは史料そのものが後世に偽造や改作を受けたものでないかどうか、一次史料に相当するか否かなど、その外的条件を検討すること。これらは史料の証左価値の判定基準となる。

　第二は、史料作成の時期及び場所である。史料は何時書かれたのか、あるいは作成されたのか（日付）日時・場所を明らかにすることは、出来事の経過や状況を知るための基本である。

　第三は、誰によって作られたか（作成者）である。その史料の作者の立場、地位・性格・職業・系統などが明らかにされれば、それがその史料の信憑性等を判断する根拠となって、その史料を用いる際に都合が良くなる。

　第四は、すでに在るものから作られたかである。史料作成者は、一般常識となっている歴史的知識を無視できないと考える。歴史的知識を無視した場合、その内容は作り話になり、歴史的事実としては評価されることはない。

　第五は、オリジナルな形式によって作られたか（一貫性が伴っているか）である。他の史料の引用・孫引きか、記述者本人の見聞か、伝聞か、といった点を把握する。当該使節団の当事者である支倉六右衛門やルイス・ソテロなどの書簡や日記、その当時スペインのインディアス顧問会議の国王陛下宛

の上奏文や意見書などの公文書およびローマ教皇庁の教皇勅書などは最もオリジナル性が高く、一次史料とされる。

　第六は、史料の信頼性を吟味し、史料の性格や価値を判断することである。信頼性とは記述者と書かれた内容の関係を考察し、記録の正確さを検証する。

　慶長遣欧使節に関する原史料には、使節団が立ち寄ったメキシコ、スペイン、フランス、イタリアなどの文書館や図書館に所蔵されている膨大な使節関係者の書簡、公文書や外交文書、議事録（セビィリャ市議会議事録、ジェノヴァ元老院議事録、ローマ市議会議事録、ローマ教皇庁議事録等）のほか、教皇勅書、第三者が記述した日記などがある。このほか、使節団の唯一の旅行記録史料であるシピオーネ・アマティー著『伊達政宗の遣欧使節記』とルイス・ソテロ神父が大村の牢獄内で書き残したローマ教皇宛の回想記などがある。前者の『遣欧使節記』はヨーロッパでの使節の動静を記した後半部分は使節の一級史料として評価される。

　ところが、使節派遣の経緯や使節が日本を出帆してからマドリード到着まで（第1章～第15章）の前半部分は、アマティーがルイス・ソテロや支倉ら使節団員から聞知して書いているので一級史料とみるべきではない。特に奥州国の事情や伊達政宗の宗教心などについては、事実を織り交ぜているとはいえ、虚飾や誇張された荒唐無稽の記述が多いので、ほとんど史料的価値がないと言える。しかしながら、私が改めて原文を邦訳した結果、第13章～第15章の江戸における幕府によるキリシタン捕獲、投獄、迫害の様子やルイス・ソテロの投獄、釈放から使節派遣までの経緯などについては日本側史料と符合するので信憑性があることが判明した。

　ちなみに、岡本良知博士は、アマティーの『遣欧使節記』の中の「日本の伊達氏に関する部分」は最も信用できないとし、「凡て無稽な誤伝に基づいている」（伊達政宗遣欧使節の史料、18頁）と述べている。なお、ロレンソ・ペレス著『ベアト・ルイス・ソテーロ伝』は、アマティーの『遣欧使節記』を引用して書かれており、アンテンプロク師の『日本初期フランシスコ会史』（1959年刊）も同様である。さらに、パブロ・パステルス（Pablo Pastells）の『フィリピン諸島・日本関係文書』やレオン・パジェス（Leon Pages）の『日本キリシタン宗門史』（1869年刊：のちに岩波文庫『日本切支丹宗門史』1938年）にも多く引用されている。

一方、後者のルイス・ソテロ神父が 1624 年 1 月に大村の牢獄内においてラテン語で書いたローマ教皇に宛てた『回想記』は、ソテロが伊達政宗と出会ってキリスト教の教えを伝えたことや使節派遣の目的などについて詳しく述べている。そして使節が日本を出帆してからローマまでの旅行の回想およびローマからスペイン、メキシコを経由して、フィリピンに辿り着くまでのイエズス会との確執について回想している。ソテロはこの回想記で、記憶を再現する際に感情的要素が働いて誇大美化している個所が幾つか散見される。特に、イエズス会に対する憎悪心・嫉妬心・虚栄心から少なからず虚偽の証言を行っている。

このようにフランシスコ会とイエズス会の激しい中傷合戦の中で書かれた記録なので個人的な感情が含まれており、史料価値は低いといえる。

一方、肖像画などの絵画を史料として歴史上の出来事、人物像、社会現象、文化を読み解く試みが進んでおり、慶長遣欧使節研究でも、一部の研究者によって美術作品の観察から歴史像を描く材料として使用されている。しかしながら、このような絵画に後世の加筆・改作あるいは贋作疑惑があり、仮にこれらの肖像画が第三者によって実際に手が加えられたり、贋作であったならば、原画離れによってそれらは実像ではなくなり、そこから客観的な歴史像を見出すことは不可能となり、慶長遣欧使節・支倉六右衛門常長の歴史的な評価がまったく異なってしまうのである。この点に関する詳細は後述することにする。

3　慶長遣欧使節関係の海外原史料の所蔵機関

支倉六右衛門常長・慶長遣欧使節関係の原文書が所蔵されている主な文書館及び図書館のうちスペインには、インディアス総文書館、シマンカス総文書館、王立歴史アカデミー付属図書館、国立図書館、セビィリャ市文書館などがある。また、イタリアにはヴァティカン機密文書館、ローマ教皇庁付属ヴァティカン図書館、ジェノヴァ国立公文書館、ヴェネツィア国立公文書館、ローマ・イエズス会本部付属文書館などがある。さらに、メキシコの国立公文書館（Archivo General de la Nación：A.G.N.）やフランスのアンガンベルティーヌ図書館（Bibliotheque Inguinbertine de Carpentras）がある。これらのうち、

主な文書館と図書館について簡単に紹介することにする。

1) スペインのインディアス総文書館（Archivo General de Indias：A.G.I.）

A.G.I. は、フェリッペ2世の命で建てられたセビィリャの旧商品取引所に置かれている公文書館でアメリカ大陸やフィリピンにおけるスペイン帝国の歴史を明らかにするうえで、比類のない史料群が収められている。1785年にカルロス3世の勅令で、インディアス顧問会議がこの建物の中に置かれることになった。その目的は、当時、シマンカス、カディス、セビィリャに分散していた植民地に関して蓄積されてきた文書を一カ所に統括することにあった。現在保管されている史料は、クリストファー・コロンブスの日記やアメリカ大陸の植民都市の地図など、大陸の征服者たちの初期のものから19世紀に至るまでの手書きの文書が4万3千巻、約8千万頁あり、古文書館の棚の総延長はおよそ9kmに及んでいる。A.G.I. に所蔵されている主な慶長遣欧使節関係の文書は、次のとおりである。

① 1610年12月20日付のフィリピン前臨時総督ロドリゴ・デ・ヴィベロがスペイン国王と折衝するために作成された日本皇帝に提案した条約締結の写しの文書（A.I.G., Filipinas, 193, N3）

② 1613年6月20日付スペイン国王が徳川家康に宛てた書簡（A.G.I., México, 1065, Libro 6, F.80v-81r.）

③ 使節団が宿泊したマドリードのサン・フランシスコ修道院の管理責任者ペドロ・デ・レガネスの覚書（1615年）（A.G.I., Filipinas, 1, N.161a）

④ 1615年4月2日付フライ・ルイス・ソテロの覚書に関するインディアス顧問会議の奏議文（A.G.I., Filipinas, 1, N.157）

⑤ ヌエバ・エスパニア（メキシコ）副王グアダルカサール侯がアカプルコ港に到着した日本人から武器を取り上げることにした命令書の写し（1614年）（A.G.I., México, 28, N.17a）

2) スペインのシマンカス総文書館（Archivo General de Simancas：A.G.S.）

1540年9月16日付の勅令によって王室の公文書館として設立されたスペイン最古でヨーロッパにおける最も重要な文書館の一つである。フェリッペ2世時代に栄えた古都バリャドリード市西南のシマンカス村にあり、15世紀

の古城が文書館となっている。1785年にアメリカ大陸に関するすべての文書を一括して保管するためインディアス顧問会議関連の公文書をインディアス総合文書館に移管した。現在、8万の古文書の束（Legajos）（約3千万を超える文書）を保有している。日本関係文書が多いのは、第28部門の中の第6部 "Secretaria de Estado" であるが、その部門だけでも、8千以上の包みがあり、まだ完全に調査されていない。その第1グループ（Serie）Corona de Castillano の 266 包みの中にはスペインの重要文化財級の史料として知られている 1614 年 9 月 30 日付で洋上において支倉六右衛門常長がスペイン国王およびレルマ公爵に宛てた披露状（A.G.S., Estado, 256-1, 126, 127）がある。この披露状は 1614 年 9 月 29 日にメキシコのベラクルスからスペインのサンルカール・デ・バラメーダ港に向かう洋上で書かれたものである。このほか、A.G.S. には、伊達政宗が 1613 年 10 月 17 日付で署名し、ヌエバ・エスパニア副王に提出した「申合せ条々」（平和協定）協定締結書の写し（A.G.S.,Estado, 256-1, 2）など、慶長遣欧使節関係の重要な古文書が多く所蔵されている。

3）ローマ・ヴァティカン機密文書館
（Archivum Secretum Apostolicum Vaticanum：A.S.A.V., Archìvio Segrèto Vaticano：A.S.V.）

A.S.V. は、1610 年に支倉ら使節一行が公式謁見したパウルス 5 世によって創設された。A.S.V. には、650 の包み（文庫）があり、15 万枚の古文書を所蔵し、85km に及ぶ書棚群（BUNKER）がある世界で最も重要な歴史研究センターの一つである。A.S.V. が一般の研究者に開放されるようになったのは教皇レーオネ 13 世時代の 1881 年である。A.S.V. の総合目録（Schedario Garampi）は、ヴァティカン台帳（Registra Vaticana）、ラテラノ台帳（Registra

図12　ヴァティカン機密文書館の書庫内

第Ⅰ部　慶長遣欧使節の実像と虚像

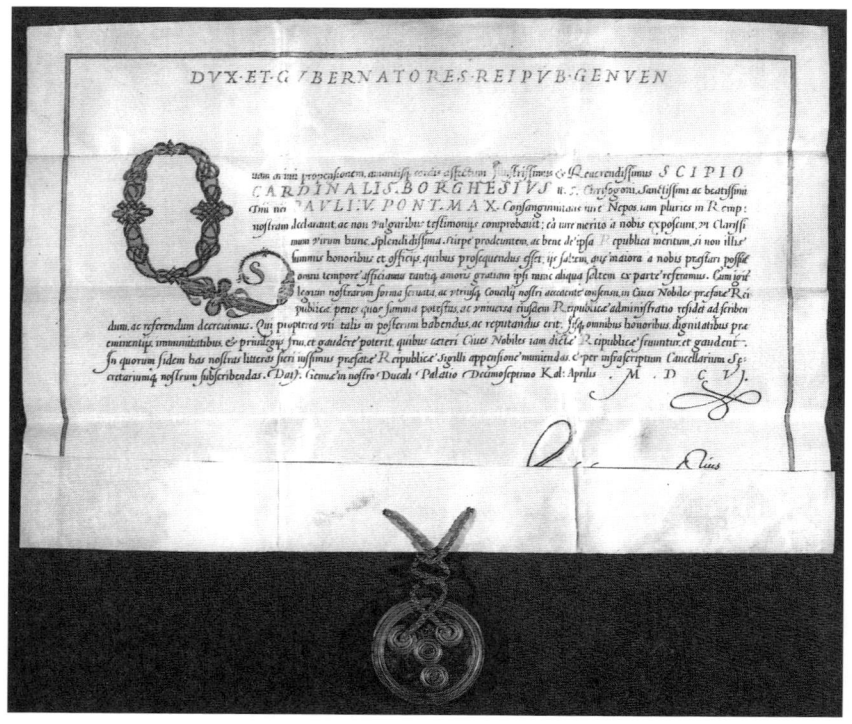

図13　ジェノヴァ共和国がローマ教皇パウルス5世に奉呈した名誉市民権証書
1606年3月16日付でジェノヴァ共和国からシピオーネ・カファレリ・ボルゲーゼ枢機卿（教皇パウルス5世）に奉呈した名誉市民権証書（504 × 348cm）
（ヴァティカン機密文書館所蔵：Fondo. Borghese, 933, Tit. Onorifici, b.7〈CVIII〉）

Lateranensia)、枢機卿会議（Consistorium）がある。同館の利用規定は、古文書読解の能力をもつ研究者による学術研究の理由でのみ入館が許可される。外国人研究者が利用証を発行してもらうために必要な書類は、身分証明書（パスポート）、学位証明書、推薦書、研究テーマの内容、利用目的と理由書などを提出しなければならない。

　A.S.V. には、慶長遣欧使節が教皇パウルス5世に請願した事柄に対するイタリア語による回答文書（A.S.V., Fondo Borghese, Serie IV, No.63, Lettere dicerse, 1615）や日本のキリスト教徒のローマ教皇パウルス5世宛ラテン語訳書簡（1613年10月1日付）（A.S.V., AA. ARM 1 XVIII. 1838.Arm. VII. Caps V. No.27）など、使節団のローマ訪問の目的が記されている古文書が多く所蔵

第 1 章　慶長遣欧使節研究に不可欠な要件とは

されている。

4）ヴァティカン図書館（Biblioteca Apostolica Vaticana: B.A.V.）

ローマ教皇庁付属ヴァティカン図書館は、「刊本部」と「稿本部」に分かれる。稿本部は数十の部門に分かれ、その一つが著名なバルベリーニ（Barberini）で、それがさらに Lat. Orient 等の部門を有する。B.A.V. には慶長遣欧使節の「マドリードからジェノバに至る使節の行程」に関する文書、および同使節に関する通信文が所蔵されている。これらの中に、支倉六右衛門の秘書官であった小寺池（又は小平）外記の受洗式の様子についてイタリア語で記述した記録文書が含まれている。

5）ローマ・イエズス会本部付属文書館
　　（Archivium Romanum Societatis Iesu: A.R.S.I.）

A.R.S.I. は、ローマのイエズス会本部内にあり、日本のキリシタン史研究においては最も重要な原点文書を多数所蔵している。伊達政宗の使節派遣の経緯について綴ったイエズス会士ジェロニモ・デ・アンジェリス書簡は "Japonica Sinica" 部に保管されている。

6）メキシコ国立公文書館（Archivo General de la Nación: A.G.N.）

1790 年 3 月 27 日にヌエバ・エスパニア（新イスパニア：メキシコ）副王ヴィセンテ・デ・ゲルネス—パチェコ・イ・パディリャが副王領の古文書を保存するために創設した。メキシコがスペインから独立して 13 年後の 1823 年に "Archivo General y Público de la Nación" と名称が変わった。現在、322 包の文書を所有し、6 百万のデジタル画像、7,131 枚の地図を保有している。当館には、支倉六右衛門とルイス・ソテロが副王グアダルカサール侯に宛てた署名入り書簡が所蔵されている。

7）セビィリャ市文書館
　　（Ayuntamiento de Sevilla, Area de Cultura, Archivo Municipal: A.M.S.）

セビィリャ市文書館には伊達政宗が同市に宛てた日本語の親書および使節訪問に関するセビィリャ市議会の議事録が所蔵されている。1613 年 10 月 17

第Ⅰ部　慶長遣欧使節の実像と虚像

日（慶長18年9月4日）付の政宗の書状は一時紛失していたが、1859年にセビィリャ市の修史官（史料編纂官）ドン・ホセ・ヴェラスケス・イ・サンチェスによって市庁舎内で発見された。その政宗の書状には、

　　「神（天有主：デウス）の特別の御摂理により、ルイス・ソテロ神父（伴てれ、布羅い、そてろ）が私の領国（はか分国中）にやって来て（被越候て）聖なる教えの優れていることを拝聴し（貴天有主之御法を承）、それが神聖で正しい教えであり（殊勝に）、真の後世の道（眞之後生之道）であることを知りましたが、拠所（よんどころ）ない理由のため（無拠指合御座候）、まだこれを受け入れていません（今に無其儀候）。我が領国（分国）でデウスの宗門をひろめる（御宗門可申）ためフライ・ルイス・ソテロを頼み、支倉六右衛門と申す侍一人を遣わします。帝王（其元大国之帝王様＝スペイン国王フェリッペ3世）およびキリシタンの親つかさ（御親司＝頭）ローマ（老間）教皇（はっは・パッパ）さまの御前に二人の使者が無事に参着して我らの望みの叶うことを願っております（此ねかひ相叶候様、奉頼ために、態両人進上申候）。貴地繁昌の様子、伴天連であるソテロの生国の由を伺い喜んでいる。貴地に航海士を集めて寄合を持ち日本からセビィリャに航海できるか否か検討を頂き、今年から毎年船を渡航させたい所存である……）」

と記し、セビィリャ市に対し、

　　「（伊達藩）領内でキリスト教を広めるためルイス・ソテロに頼んで支倉六右衛門という一人の侍を遣わすので、スペイン国王とキリスト教徒の頭であるローマ教皇聖下の許に無事に到着して、私たちの希望が叶いますように願っている」

と、書状の冒頭に支倉をヨーロッパへ派遣した目的がキリスト教を広めるためであったことを明記している。逆に、使節派遣の目的がメキシコ（スペイン）との通商交易の開始であったという根拠になるようなことは一言も記述されていない。政宗のこの書状は明らかに宗教的な目的（仙台藩内におけるキリスト教の布教拡大）のために書かれたものである。

　セビィリャ市当局に宛てたこの政宗の署名と花押と共に朱印を使用している書状の史料価値は、使節団の（スペイン・ローマ）訪問が宗教的な目的であったことを証左する第一級史料である。しかしながら、仙台市博物館側では、

書状の内容が宗教的な要素が濃いためだと思うが、第一級史料として扱っていない。ちなみに、仙台市博物館が「慶長遣欧使節出帆 400 年・ユネスコ世界記憶遺産登録記念」に、2013 年 10 月に刊行した『伊達政宗の夢―慶長遣欧使節と南蛮文化』の中の「セビィリャ市宛政宗書状（129 号）」の解説内容は、

> 「……。ソテロの出身地であるセビリア市と友好親善を図りたいこと、スペイン国王とローマ教皇のもとに使節を派遣するので力添えを願いたいことが記されている」（同書 195 頁）

とあるが、書状に明記されている「（仙台藩内における）キリスト教の布教拡大のため……」という趣旨を「セビリア市と友好親善を図りたい……」という表現に改変しており、キリスト教の布教拡大のためという最も重要な部分を削除してしまっている。「南蛮へ之御案内」にこの政宗書状が含まれていないという理由から、使節の出帆後に作成された可能性があると指摘されているが、その確証がないことを明記しておく。

4　慶長遣欧使節関係の翻訳史料の史料的価値と史料批判

　従来、支倉六右衛門常長・慶長遣欧使節研究において最も多く利用されてきた基本的な翻訳史料は、東京帝国大学史料編纂所教授村上直次郎博士（1868～1966 年）が明治 42 年に編纂・翻訳出版した『大日本史料』第十二編之十二である。

1) 村上直次郎編纂『大日本史料』第十二編之十二（東京帝国大学史料編纂所、明治 42 年刊）

　村上直次郎博士が編纂した『大日本史料』には、使節団訪問国のスペインとイタリアの文書館や図書館に所蔵されている原文書を翻刻した欧文史料とそれらの日本語訳が収載されている。本書の史料価値について言えば、第二次史料として位置づけられるべきものである。何故ならば、『大日本史料』に収載されている多くの文書は、翻刻本から転載された時点で原文が大幅に削除省略され、また不都合な箇所が一部改変されている。また、『大日本史料』のロマンス語からの邦訳は、村上博士が転写の際に誤読、誤字、脱字などが原因で本来の意味とは全く異なる訳出となっている部分が見られる。そのう

え、言葉のニュアンスが欠けており、語源上の意味とその適用や転用が区別されていないものが多く散見される。

『大日本史料』を編纂した明治から昭和期の歴史学者村上直次郎博士は、大分県出身で、藩士の家に生まれ、同志社英学校、第一高等学校、東京帝国大学史学科、同大学大学院で学んだ。東大在学中に拓殖務省の台湾史編纂に携わる。明治35年南欧から帰国後東京外国語大学教授兼東京帝国大学史料編纂官となる。東京外国語学校校長、東京音楽学校校長、台湾帝国大学教授、上智大学教授および学長を歴任。代表的な著書・訳書には慶長遣欧使節関連史料をまとめた『大日本史料』『耶蘇会日本年報』『耶蘇会士日本通信』などがある。

ところで、明治23（1890）年に中里左太郎がヴァティカン文書館所蔵の伊達政宗からローマ教皇パウルス5世に宛てた親書に関する『慶長年間奥州侯伊達政宗より支倉六右衛門ヲ以テ羅馬教皇陛下ニ奉呈シタル稀世ノ書翰』を「公教雑誌」9号付録に紹介しており、また、明治20年～24年までドイツ、オーストリアに留学して科学的研究法の歴史学を学んでいた東京帝国大学教授坪井九馬三博士（1858～1936年）や、明治10年代の終わりから7ヶ年ドイツのハイテルベルク大学やフランス、イタリア等で歴史学を研究して、1891（明治24）年にドイツのテュービンゲン大学で歴史学の博士号の学位を取得した箕作元八博士（1862～1919年）がヴァティカン機密文書館を訪れた際に、同文書館側から、慶長18年8月15日付「ローマ教皇宛畿内キリシタン連署状（勢数多講）」などの慶長遣欧使節に関する日本語の書簡や多数の日本関係文書が披露されている（G. Mitsukuri, *Ein Beitrag, zur Gesch. der japanischen Christen im 17. Jahrh., Hist, Zeitschr. LXXXVII*〈1901〉）。

このような状況から、ヴァティカン機密文書館に所蔵されている日本関係文書や慶長遣欧使節に関する史料編纂は、明治20年代までに終えて、目録化されていたと考えられる。これらのロマンス語の文書を明治32（1899）年～同35（1902）年までの3年間文部省留学生として南欧諸国（スペイン、イタリア、イギリス、オランダ等）に滞在していた村上直次郎博士が各国の文書館や図書館で採録し、当時は現在のような複写機などなかった時代なので自らの力で転写して日本へ持ち帰って翻訳し、『大日本史料』第十二編之十二に収載して1909（明治42）年に出版した。南欧諸国で文書の採録作業を始

めてから翻訳作業を終えて出版するまで何と 10 年の年月を費やしたのである。村上博士の最大の功績は、スペインおよびイタリアの文書館や図書館に散在していた大量の慶長遣欧使節関係の活字化（翻字化）されていた文書を 3 年間かけて採録し、それら文書の転写作業を行ったことである。そして、帰国後 7 年近くかけて転写して持ち帰った欧文文書を丁寧に邦訳した点である。特に、『大日本史料』第十二編之十二に載っている欧文史料は、昔も今も海外の研究者から最も多く利用されている。

　ところで、ヴァティカンやスペインの文書館に所蔵されている慶長遣欧使節関連の文書を閲覧する場合には、各文書館に所蔵されている「日本関係文書」か、使節団訪問当時の教皇パウロ 5 世または使節団の世話人であった「ボルゲーゼ枢機卿関連文書（Fondo Borghese, Serie 1 ～）」の「カタログ」などから書架番号を調べなければ文書を探し出して閲覧することは困難である。ちなみに、『大日本史料』に掲載されている村上直次郎博士が直接採録したと言われる使節関連文書にはごく一部の文書を除き、その大半の文書には書架番号が記載されていない。これは、村上博士自身がカタログで調べて関係文書を採録したのではなく、各文書館の修史官（史料編纂官）などから史料を提供してもらい、それを自分で転写して日本へ持ち帰ったと推察される。

　村上博士が南欧に留学した当時のスペイン語、イタリア語、ラテン語などロマンス語の読解力がどの程度のものであったのか知るすべもない。明治 20 年代に 3 年間ヨーロッパへ留学したわが国における歴史学研究の草分けで東京帝国大学教授坪井九馬三博士は、帰国して 9 年後の明治 34 年 8 月に難解な古典イタリア語で書かれたアマティーの『日本奥州国伊達政宗記并使節紀行』（宮城県史編纂委員会刊）を邦訳した。この坪井訳は、当時としては大変な労作といってよいが、残念なことに（原語の意味が解らなかったために）原文表記のままの言葉がかなり多く、邦訳として全く理解が得られないものである。当時はまだロマンス語の辞書などなかったので他の言語（英語やドイツ語）から引いて翻訳したと推察される。このように豊富な留学経験があった坪井博士でさえもロマンス語の読解力は不十分だったのである。こうした事例から村上博士の場合を考えると、同博士は坪井博士のように海外で（ロマンス語の）古文書学を学んだこともなく、特殊な教会用語や多数の略語にも精通していなかったと推察されることから、多種多様な文字で書かれてい

る難解な手書きの文書をそのまま翻刻しないで簡単に解読できたとは考え難いのである。従って、『大日本史料』に載っているロマンス語による翻字化（活字化）された大半の欧文書は、各国の文書館で作成された翻刻本から転写したと考えるのが妥当であろう。つまり、村上博士自身が直接採録した文書であったならば目録を通して書架番号を知ることが出来たはずである。村上博士がスペインやヴァティカンの文書館で、仮に、使節関係文書が目録化されてなく、カタログも存在しない状況下で膨大な数の文書の中から、慶長遣欧使節関係の文書を採録することはおよそ不可能なことであった。

　村上博士のロマンス語の邦訳の中で最も分量が多いのがスペイン語からの邦訳である。日本におけるスペイン語教育・学習が本格的に始められたのは明治30（1897）年の東京外国語大学の前身である「高等商業学校付属外国語学校」が開設され、西班牙語科が設置されてからである。折しもこの同じ年に、日本で初めて西和辞書（日本語はローマ字表記）とローマ字表記アルファベット順配列の和西辞書である"Vocabulario Japones"（日本語語彙集）（単語集）が発行されたばかりであった。したがって、村上博士はスペイン語を語学専門学校で学んだのではなく、独学で習得し、3年間のヨーロッパ留学中に他のロマンス語と共にレベルアップさせたと推察されるが、高度で複雑な文章の邦訳にはかなり多くの障害が伴ったことが想像される。ここで『大日本史料』に掲載されている村上博士によるロマンス語表記の文書の邦訳例をいくつか挙げてみることにする。

　① 1615年8月1日付、バリャドリード発信で、スペイン国王フェリッペ3世がローマ駐在大使ドン・フランシスコ・デ・カストロ伯爵に宛てたスペイン語書簡の邦訳（『大日本史料』243～244頁）で、"Le honrreys y estimeis, como lo merece por su persona y lo bien que por aca se ha gouernado"（原文のまま）を村上博士は「大使の当地に於いての行動は、甚だ善かりしが故に、……」とだけ訳出し、残念なことに国王の支倉に関する正しい人物評価について訳出していない。正しい邦訳は、「（大使は）誠実で尊敬できる人物であり、人柄も称賛を受けるに値し、当地ではうまく自己管理（自制）しておりました」である。

　② 上記書簡の文中の"también al Padre Fray Luis Sotelo de la orden de Sant Francisco descalzo, que vinó y va con él y le ha ayudado con

第 1 章　慶長遣欧使節研究に不可欠な要件とは

particular cuydado y buen zelo"（原文のまま）の文章を「サン・フランシスコ跣足修道会（la orden de Sant Francisco descalzo）のフライ・ルイス・ソテロ神父も大使と共に当地に来ており、一緒に（ローマへ）行きます。神父は大使を助け、特に熱心にお世話をしておりました」と翻訳すべきところを「……サン・フランシスコ跣足会派の宣教師にして、彼と同伴し、大なる注意と喜ぶべき熱心とを以て、彼を助くるところのパードレ・フライ・ルイス・ソテロに、名誉の待遇を與へんことを望む、……」と誤訳している。

③フライ・ルイス・ソテロ神父が、1618 年 2 月 4 日付メキシコ発信で、スペイン宰相レルマ侯に宛てた書簡に記述されている"……entre los cristianos por ser tan fieles y leales a sus principes se usa y acostunbra"（原文のまま）の文章の適訳は、「彼（政宗は）キリスト教徒の間では自分たちの統治者（a sus principes a los propios soberanos）には非常に信義（絶対服従心）に厚く、そして忠誠心をもつ（(a) ser tan (muy)fieles y leales）ことを仕来り（慣習）にしていて、それを行使する（ことを知っている）」であるのに対して、村上訳は「…、此の如くならば、基督教の為には、大なる便宜あらん、……」（『大日本史料』第十二編の十二、邦文 435 頁）と、本来の意味とは全くかけ離れた訳出になっている。

④村上博士は、「1615 年度教皇パウルス 5 世一般出納簿 "Libro della depositeria generale di Papa Paolo Quinto" の下記のイタリア語表記の文の翻刻および抄訳を次のように記している。

【村上翻刻文】

"Ea di detto［23 Gennaio］Scudi centouenti moneta pagati per mandato di Monsignóre Thesoriere a Monsu Claudio Feranzese Pinttore per 2 ritratti fatti delli ambasiatóre (i) del Giappone per seruicio di Sua Santitá S 120"（『大日本史料』第十二編之十二、324 頁に記述されている原文のまま）

【村上邦訳】

「1 月 23 日、法王の命によりて畫きたる肖像 2 個の代金 120 スクードを会計主任の命令により、佛国の畫工モンスー・クラウジョに支払ヘリ 120」（原文のまま）

まず村上博士は、上記のイタリア語の翻刻（転写）で、原文の "ambasciatóri del Giappone（日本からの大使たち）" の複数表現を "ambascitóre del Giappone"（日

79

第Ⅰ部　慶長遣欧使節の実像と虚像

本の大使または日本からの大使）と単数表現に誤転写している。つまり原文の"ambasciatóri"（二人以上の大使たち）を誤転写した"ambasciatóre"（一人の大使）では解釈が全く異なり、この場合、前者の「支倉六右衛門とフライ・ルイス・ソテロの二人の大使」のことを指しているのである。

　次に村上博士は、"per seruicio di Sua Santita"を「法王の命により」と誤訳している点である。この場合適訳は、「1月23日、教皇の好意によって"per seruicio"制作された"fatti"日本からの大使（使節）たち（または日本の大使たち）"delli Ambasciatóri del Giappone"の2枚の肖像画の代金120スクードを出納担当の大司教（または枢機卿）の"Monsignore"命により、フランス人画家クラウジョ［クロード・ドゥルエ］氏に支払った」である。このイタリア語の適切な訳述は、「教皇の好意によって制作された日本からの大使たちの2枚の肖像画（支倉六右衛門とフライ・ルイス・ソテロ神父の肖像画）」である。

　したがって、"per seruicio"（現代イタリア語は"servizio"で好意〈厚意〉、奉仕、親切などの意）"di Sua Santita"を「法王のために描かれた」とは訳述せず、この場合は「教皇の好意によって制作された……」と訳すべきである。

　⑤『大日本史料』第十二編之十二所収、イタリア語表記の「アマティー著「伊達政宗遣欧使節記」第27章（欧文材料第八十九号）」の誤訳例

　"……, e poi si prostrarono á quei Santissimi piedi, dando mille gratie a Sua Santitá, che l'hauesse fatti dégni di tanto honore & a Dio, che l'hauesse condótti a saluaménto <u>per poter rendere obbèdiènza, e giuraménto di fedelta a Su Santitá a nóme del Ré di Voxu</u>……"のイタリア語表記の原文を村上博士は、次のように邦訳している。

　「……（支倉大使は）法王の足下に伏し、法王が欺の如き名誉を與へられしことを謝したり、法王は未だその名さへ普く知られざる遠島より、使節の来たりしことを喜び、大使に起立を命じて、奥州の王の基督教に歸依し、その地方に聖福音の弘布せらるるを聞きて、……」

　さて、村上博士の語学力によるものか、それともいかなる理由か判らないが、下線部分の文章は、原文から極端に逸脱した邦訳となっている。このような誤訳文をそのまま史料として引用してしまった場合、とんでもない誤謬の歴史を後世に残すことになる。上記イタリア語原文の正しい邦訳例は次のとおりである。

第 1 章　慶長遣欧使節研究に不可欠な要件とは

「(支倉大使は) 教皇聖下の足下にひれ伏し、使節に多くの栄誉を授けられたこと、そして奥州王の名代として教皇聖下に服従 (obedienza) と忠誠 (fedelta) の誓いを、無事に出来るように導いてくれた神に対し感謝しました」である。

⑥『大日本史料』第十二編之十二所収「アマティー「伊達政宗遣欧使節記」第 28 章」の誤訳例

"…… restando il Dóttor Amati in Palazzo per Supplicare a Monsignóre Pauone Mastro di Cámera, che si contentasse impetrar I'Audienza da Nostro Signóre, e segnalare il giórno, e I'hóra che i Signóri Ambasciatóri haueuano a darli l'obbediènza nóme del Rè di Voxu." のイタリア語表記の文を村上博士は、次のように邦訳している。

「アマティーは、法王宮に留り、侍従モンシニョール・ハポネに謁見の日時の指定を法王に請はんことを求めたり、」と訳出している。しかし、肝心な後半部分 "a darli l'obbediènza nóme del Rè di Voxu" (奥州王の名代として教皇聖下に服従を誓うため) の邦訳が省略されていて、全体的な意味が把握できない。適訳は次のとおりである。

「アマティー博士は、教皇庁に留まり、侍従長パヴォネ大司教猊下に大使ら (支倉 & ソテロ) が奥州王の名代として、教皇聖下に服従を誓うための (公式) 謁見の日時を決めてもらうように請願した」である。

このように、正確な翻刻、そして言葉のニュアンスや語源上の正しい意味を把握して訳述しないと、正しい歴史解釈が出来ないのである。

総じて言えば、『大日本史料』第十二編之十二は、前にも述べたが、まともな辞書も無かった明治時代における原史料から翻刻された文書の邦訳には想像を絶するご苦労があったと推察され、その偉大な業績に敬意を表すべきである。しかしながら、学問の時勢の進歩から、この完全に近い『大日本史料』十二編の十二にもかなりの遺漏の文書があり、またロマンス語の訳出にも繰り返し述べたように、誤訳の字句が非常に多く散見されるので、残念ながら、欧文史料を除き史料的価値は低いと言わざるを得ない。いずれにせよ、『大日本史料』を引用して書かれた著作物からは使節派遣の目的の真相等を究明することができず、かなり間違った支倉像や使節のイメージが定着してしまっているのである。

2) 仙台市史編さん委員会編『仙台市史・特別編 8、慶長遣欧使節』（仙台市発行、2010 年）

『仙台市史・特別編 8、慶長遣欧使節』（以下『仙台市史』と表記す）の史料集は、『大日本史料』第十二編之十二を底本として、村上直次郎博士の翻訳のやり直しと仙台市博物館と関係が深い学者の論文を掲載して刊行されている。

本資料集での使節関係のロマンス語の翻訳は、原史料から直接行ったものではないので一次史料集として扱うべきではない。つまり、孫引き史料集なので第三次史料として位置づけられ、史料価値は『大日本史料』よりも更に減じることになる。なお、『仙台市史』には、史料集として次のような 4 つの基本的な問題点が指摘される。

① 『仙台市史』の史料集には原文書の複写史料とその翻刻が付いていないためロマンス語の訳述の正確性や信憑性を確認することが不可能であり、邦訳文を 100％信用することができない。事実、私が『仙台市史』の史料集に載っている幾つかの邦訳文をロマンス語表記の原文書と突き合わせてみたが、かなり多くの誤謬や解釈の間違いがあることを確認している。それも当該使節史を根底から曖昧にしてしまうような重大な誤訳が非常に多く散見される。

② 邦訳のために使用した海外文書は、各国の文書館に所蔵されている原文書（一次史料）ではなく、転写漏れや誤写が大量に散見される前記『大日本史料』第十二編之十二（欧文史料）の正誤を確認せずに使用しているため翻訳文の正確性が疑われる。

③ 掲載されている各国語の史料の所蔵機関名は載っているが、最も重要な原文書の「書架番号」が殆どすべて抜けている。そのため原文書の採録調査を行う際に閲覧することが不可能である。

④ 『仙台市史』には、原文史料からの翻刻・翻訳および図版資料の一部に典拠不記載（無断掲載）が散見される。

このような理由から、『仙台市史』は学術的に価値のある史料集として範とすべき構成をまったくしていないのである。そもそも『仙台市史』は、仙台市民の血税で出版された史料集である。前述したような誤訳や解釈の間違いが非常に多く散見されるのは、編集責任者がロマンス語に精通していなかったので、各言語の翻訳担当者の語学能力をチェックすることができな

かったと思われる。そのうえカトリック教会に関する高度な知識や国際的な見識が十分でなかったからである。また一部の翻訳者が慶長遣欧使節研究に求められる専門知識以外の特殊な研究条件（カトリック教会とその教義・信仰に関する十分な知識や国際的見識など）を十分に満たしていなかったことも影響している。

3）『仙台市史』に重要文章の削除が散見される

　まず、『仙台市史』に掲載されている翻訳文の中に翻訳者が原文書に忠実に逐語的に翻訳していない個所が散見される。その一例を挙げれば、『仙台市史』186 号のイタリア語表記による小冊子「使節一行のローマ入市式報告書（原文全 8 頁）」の 7 頁 24 行目〜 26 行目の次に挙げる文章の下線部分が削除されている。

【イタリア語表記原文および正しい邦訳】

"A di 3 Di Nouembre giorno statuito <u>a dar l'Obbediènza per il suo Ré auanti la Santità di Nostro Signóre Papa Paolo V.</u> Circa le vintun hora partissi dall Araceli in cocchito tutto dinero,come ancora era tutta la sua famiglia la quale in altri cocchi seguitauano."

「11 月 3 日は、<u>彼（支倉大使）の王（政宗）の名代として（per il suo Re）我らの教皇パウルス 5 世聖下の面前で（auanti la Santità di Nostro Signore Papa Paolo V.）服従を伝える（誓う）</u>指定された日であり（giorno statuito a dar l'Obbediènza）、（大使は）21 時頃、すべて黒の衣服を纏い馬車でアラチュリ（修道院）を出発しました（Circa le vintun hora partissi dall Araceli in cocchito tutto dinero）。（彼の随行員も全員同じ服装で他の馬車でそれに続いた）」

つまり『仙台市史』186 号（267 頁）はイタリア語原文の下線部分 "a dar l'Obbediènza per il suo Ré auanti la Santità di Nostro Signóre Papa Paolo V."「彼（支倉）の王（政宗）の名代として教皇パウルス 5 世聖下の面前で服従を伝える（誓う）」の訳出をすべて削除し、次のように邦訳している。

「11 月 3 日、教皇パウルス 5 世聖下との謁見に定められた日、使節一行は 21 時（午後 4 時）頃にアラチェーリを馬車で出発し、大使はすべて黒の衣装を身に着け、彼の随行員も全員同じ衣服で他の馬車でそれに続いた……」（拙著『キリシタン将軍　伊達政宗』（柏書房、2013 年、164 〜 167 頁）。

第Ⅰ部　慶長遣欧使節の実像と虚像

　なお、『仙台市史』の邦訳の底本である『大日本史料』（欧文第100号）（邦訳265頁）の村上訳も肝心な文章を省略して次のように訳出している。
　「11月3日、法王パオロ五世謁見の定日、第21時頃、大使は黒色の服を着し、馬車にてアラチェリを出たり、随行員も亦同じ服装をなく……」
　このような重要な文章が削除された理由は、翻訳者の見落としやイタリア語の認識不足によるものというよりは寧ろ、使節の目的が「政宗の名代として（ローマ）教皇パウルス聖下へ服従を誓うため」であった事実を湮滅するために意図的に行われたと考えざるを得ない。また、村上訳の場合も、見落としは考えられず、何らかの意図があったのではないかと思わざるを得ない。ちなみに、使節関連の原文書に頻繁に使われている obbediénza（伊）、obediéns（＝ oboedientia）（羅）、obediencia（西）の言葉の本来の意味の解りやすい日本語訳である「服従」を『仙台市史』では「服従」という訳語を使用せず、「服従」とほぼ同じ意味であるが、一般人には馴染みが薄い「かしこまって、つき従うこと」（『国語辞典』集英社より）という意味の「恭順の意」という訳語に統一している。仮に、前述したようなある意図のもとに文章を削除するようなことが実際に行われたとしたら、大袈裟な言い方だが『仙台市史』編纂委員会とイタリア語の翻訳担当者の倫理性が大きく問われることになる。ところが、『仙台市史』の編纂委員会の委員であった東京大学名誉教授五野井隆史氏は、自著書『日本キリシタン史の研究』の中で、「……、（原文書の）翻訳者が原文を省略せずに、また抄訳せずに原文に忠実に逐語的に翻訳しているか否かという、翻訳者の倫理性に関わる問題がある」と厳しく忠告しているが、イタリア語の翻訳担当の編集委員には全く浸透していなかったということになる。やはり問題なのは、こうした行為が翻訳者個人の意思によるものか、あるいは編纂委員会の翻訳方針に沿った総意によるものかである。仮に、歴史事実を無視するために意図的に行われたとしたら編纂委員会の責任は重大である。その上、懸念されることは原文書の読めない多くの研究者や著述者が論文や小説を書く際に、この『仙台市史』の間違った翻訳文をそのまま引用・参考にすることである。
　ここで参考までに、支倉ら「訪欧使節団」のローマ訪問の目的がローマ教皇聖下に「服従と忠誠を誓う」ためであったということを明確に記述している主な文書を紹介する。

支倉とソテロ神父のローマ教皇との謁見の主目的が、メキシコ（ヌエバ・エスパニア）との直接通商交易実現のための協力要請以外に教皇聖下に「服従」と「忠誠」を誓うためであったということを次に示す文書が裏づけている。

　①インディアス顧問会議からフェリッペ国王に宛てた意見書（1616年3月10日マドリード発信）に、「……。大使はローマ教皇聖下に「服従」を誓いました。（〈embajador〉Fue a dar la obediencia a su Santidad.）」（A.G.I.,Filipinas 1, 244）とある。

　②アマティー『伊達政宗遣欧使節記』第28章に、「……、大使らが奥州王の名代として教皇聖下に「服従」を誓うために（Signori Ambasciatori haueuano a darli l'obbedièenza a nóme del Ré di Voxu）……」

　③使節一行がローマへ向かう途中に寄港したイタリアのサヴォナの公式文書に、「(1615年)10月10日付で日本の王の一人が（ローマ）教皇に服従を誓うために派遣した日本人ドン・フィリッポ・フランチェスコが（二本マストの）小船でサヴォナに到着した。(Addi 10 ottobre venne in Savona sopra brigantino don Fillipo Francesco Giapponese, uno deo re del Giappone inviato a Roma a prestar ubbidienza al Papa.）」（Repertori di biobiliografia italiana N. 64, 1794）と記録されている。

　このように、伊達政宗はスペイン国王の従僕（臣下）となり、そして支倉ら使節一行を通してローマ教皇に「服従」と「忠誠」を誓ったのである。次に、『仙台市史』の資料集のスペイン語、ラテン語およびイタリア語の翻訳には誤写や誤訳が非常に多く散見される。とりわけ、訳述が日本語として意味不明な箇所が多く見られるが、それらのうち主な誤訳例を列挙してみる。

4）使節一行がローマ教皇に請願した事柄に対する回答文書（教皇小勅書）（A.S.V., Fondo Borghese, Serie IV, No. 63, Lettere dicerse, 1615）、『仙台市史』234号（306～308頁）

　ヴァティカン機密文書館のボルゲーゼ関連文庫の中に、イタリア語表記による政宗が単独で使節団をローマまで派遣した伊達政宗の「訪欧使節団」がローマ教皇パウルス5世に請願したすべての事柄に対する「回答文書（Rescripto：教皇勅書）」の写しが所蔵されている。この回答文書の写しには、政宗が教皇聖下に宛てた親書、日本のキリスト教徒の奉文書を通して請願

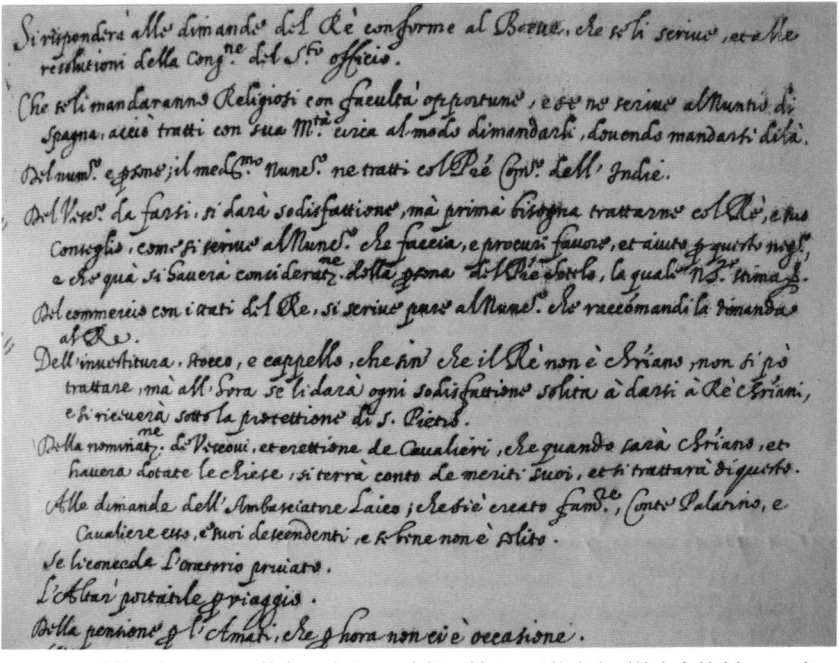

第Ⅰ部　慶長遣欧使節の実像と虚像

図14　使節一行がローマ教皇に請願した事柄に対する回答文書（教皇小勅書）の一部
（A.S.V., Fondo Borghese, Serie IV, No. 63, Lettere dicerse, 1615）

したことのほかに、支倉とソテロが教皇へ口述で請願した事柄、日本のキリスト教徒の３名の代表者の文書および口述による請願事項などが含まれており、使節団のローマ訪問のすべての目的を知ることが出来る極めて重要な超一級の史料である。

ところが、仙台市博物館や東北大学の関係者は、郷土愛とのしがらみからか使節団派遣の真相について書かれている重要な文書であることを認めようとしないのである。

一方、2013年11月５日付『毎日新聞』夕刊に、東京大学教授苅部直氏が「伊達政宗、柳田国男論の斬新さ」と題して拙著『キリシタン将軍　伊達政宗』（2013年、柏書房刊）を一読した感想を次のように述べている。

　「遣欧使節に関する先行研究に詳しいわけではないので、徳川政権がキリスト教を禁じたあともキリシタンの保護を政宗がしばらく続けたのは、鉱山経営に利用するためだったという説を前に聞いて、なるほどそ

んなものかと思っていた。だが大泉の史料読解によれば、遣欧使節に関する記録には、奥州を支配する「キリスト教の王」に任ぜられることを、政宗は法王に求めていたと記されているという。現代人は、史料に書かれた文句の裏に、つい当事者の利害の追求を読み込んでしまう。しょせん過去の人々も、自分と同じような、打算に生きる人間にすぎないと思いがちなのである。しかし、政宗がみずからの領地にキリシタンを集めて「騎士団」を創設したいと望んでいると伝える史料は、むしろ真実をそのまま記しているのかもしれない。専門家からは異論も出る解釈かもしれないが、史料がもっている、多様な理解に開かれた可能性を教えられた気がする。」

1615年12月27日、ローマ教皇庁は「訪欧使節団」および日本のキリスト教徒の3名の代表者の請願に対して、それらを記述した小勅書（Bulla、Breue ＝ Litterae Nomine）（教皇書簡）および異端審問会議の決議に従って回答している。教皇勅書（Bull apostolica）とはローマ教皇によって出された一種の勅令をいう。教皇勅書の末尾には教皇の印章（Bulla）が添えられる。それによりBullaという単語そのものが教皇勅書をも意味する。元来、教皇勅書は教皇からの様々なメッセージを民衆に伝えるために発行されたが、15世紀以降は最も重要な正式な通知を行う場合のみ利用されるようになった。

『仙台市史』に掲載されているこの回答文書は、前記『大日本史料』第十二編之十二（欧文148号）からそのまま転載したイタリア語表記の翻訳文を再邦訳したものであるが、一部の訳述に重大な誤謬があるので指摘しておくことにする。

まず、この回答文書の4番目は、「訪欧使節団」がローマ教皇聖下に、"Dell inuestitura stocco e capello"（剣と帽子の叙任について）の認証を請願したことに対する回答である（ここでは「剣と帽子」という比喩的な表現を用いている）。実は、比喩的に用いたこの二つの語句には「訪欧使節団」のローマ（教皇庁）訪問の目的を知ることが出来る重要な意味が隠されているのである。しかしながら、村上直次郎博士も含めてこれまでの日本の史家や翻訳者は、ローマ教皇庁側の儀礼的な表現に過ぎないと単純に解釈し、そのまま「剣と帽子」の授与と直訳している。

第Ⅰ部　慶長遣欧使節の実像と虚像

【イタリア語表記原文】
　"……。Dell'inuestitura, stocco e capello, che sin che il Ré non christiano, non si pó Tratiare, ma all'hora se li dar'ogni odisfattione solita a darsi a re christiani e si rceuerá sotto la protettione de San Pietro."

　『仙台市史』234号（307頁）の邦訳は、『大日本史料』（346頁）を底本にしてイタリア語表記の翻刻文をそのまま引用して次のように誤訳している。
　「〔日本の王の〕叙任、剣と帽子〔の授与〕について、
　〔日本の〕王はキリスト教徒ではないので、協議することはできないが、もしキリスト教徒の王となったならば、通常キリスト教徒の王に対して与えられる満足が与えられることになろう。また聖ペトロ（ローマ教皇）の保護が受けられるであろう。」

　『仙台市史』では "Dell'inuestitura, stocco e capello" を「〔日本の王の〕叙任、剣と帽子〔の授与〕」と訳出している。すなわち、「〔（政宗の）王の叙任、剣と帽子〔の授与〕は、政宗がキリスト教徒ではないので、協議することは出来なが……」と訳出しおり、"stocco e capello" を「剣と帽子の〔授与〕」と直訳している。これは比喩的な表現である「剣と帽子」が何を意味しているのかが解っていないため、後に続く「〔日本の〕王（伊達政宗）はキリスト教徒ではないので、協議をすることは出来ない」の文章に繋がらないのである。また、〔日本の王（政宗）〕の叙任と訳述されているが、政宗は、すでに世界中どこでも通用する「奥州王」という確固たる地位を築いており、ローマ教皇からキリスト教徒の頂点に立つ「キリスト教の王（カトリック王）」として叙任を認証してもらうこと以外、意味のないことであった。何のために「剣と帽子」を政宗に授与するのか、そしてそのことがどうして政宗がキリスト教徒ではないので協議の対象にならなかったのか。これらの翻訳文からは、本来の正しい意味を把握することはできないのである。

　なお、『仙台市史』の邦訳の底本である『大日本史料』（346頁）の村上訳もこのイタリア語表記の "Dell'inuestitura, stocco e capello" の正しい意味を把握できず、次のように誤訳している。
　「……、国王に剣と帽とを贈り、親任の式を舉ぐることに關しては彼は未だ基督教徒にあらざれば、之を許可すること能はず然れども、基督教徒たるに及んでは他の基督教の諸國王の與ふる待遇を之に許し、之をサン・ピエト

ロの保護の下に置くべき事、……」

つまり、「国王（伊達政宗）に剣と帽子を贈り、親任の式を挙げることに関しては、政宗は基督教徒ではないのでこれを許可することはできない」と、「剣と帽子」の意味が理解できなかったためそのまま直訳してしまっている。

ところで、濱田直嗣著『政宗の夢常長の現―慶長使節四百年―』河北新報出版センター、2012年12月）の「伊達政宗と使節の請願に対する回答」（209頁）でも、「奥州王の叙任と剣と帽子の授与に関しては、彼がまだキリスト教徒ではないため、検討することはできないが、もし洗礼を受けてキリスト教徒になった暁には、キリスト教徒の王に与えられる満足と教皇の保護を受けることになるだろう。また、司教の任命権と騎士団の創設についても、彼が教徒となり教会を寄進した際に協議されよう」と、濱田氏の著書も『大日本史料』と『仙台市史』を底本にしているので、同じ解釈をしている。原文では「奥州王の叙任」とは言っておらず、「剣と帽子の叙任」となっており、「剣と帽子」を授与するなどと記述されていない。このように原文を正しく翻訳（解読）できないと、間違ったまま引用されて後世に伝えられるのである。

いずれにせよ、『仙台市史』の訳述は、"Dell'inuestitura"を本来は「位を授ける」ことを意味する「叙任について」と訳出すべきところを「物品を授け与える」ことを意味する「授与について」と間違って解釈し、「ローマ教皇が（政宗に対し儀礼的に）「剣と帽子」を授けることについて」と誤訳してしまっている。したがって、この文章全体の適訳は次のようになる。

「（教皇聖下による）日本の王（伊達政宗）に対する剣と帽子（キリスト教徒の王またはカトリック王）の叙任について：

（日本の）王（伊達政宗）はキリスト教徒ではないので、少しの協議（検討）をすることもできない。しかし、キリスト教徒の王になれば、通常、キリスト教の王に与えられるあらゆる満足がすぐに与えられるでしょう。また聖ピエトロ（ローマ教皇）の保護を受けられるでしょう」

このローマ教皇庁からの回答文書の項目を正確に翻訳し、正しく解釈したとすれば、政宗は、自らはキリスト教の洗礼を受けられないので、仙台藩内のすべての臣下をキリスト教徒にするという条件で、自分を「キリシタン王」に叙任することを、使節団を通して教皇聖下に請願した、ということになる。結局、この使節団の請願は、伊達政宗がキリスト教の洗礼を受けていないと

いう当然の理由で教皇庁の「異端審問会議」において却下されたのである（前出拙著『キリシタン将軍　伊達政宗』210〜215頁）。

　参考までに述べておくが、支倉らがローマ教皇に対し、政宗の日本における「キリスト教の王」の叙任の認証を請願したことに関し、仙台市博物館所蔵の「ルイスソテロ関係文書」（Rezoes porque não convem ir a Japão o Padre Luis Sotelo da Ordem de S. Francisco）に次のように記されている。

　"……, Fr.Sotelo pedio ao Papa pera o Date por outro nome Masamune a emvestitudura dos Reinos de Japão"「（ルイス・ソテロ神父は、伊達またの名前は政宗を日本の領国の〈キリスト教徒の王〉に叙任するようにローマ教皇に請願したことは周知のことである）。」（浅見雅一「仙台市博物館所蔵のルイス・ソテロ関係文書」『市史せんだい』所収、仙台市博物館、VOL.13／2003年7月、80〜86頁）。

　ところで、國學院大學名誉教授二木謙一監修「伊達政宗の知略と野望」『一個人』（戦国武将の知略と生き様）所収、KKベストセラーズ、2011年、32頁）の中で慶長遣欧使節に関して、「……。この［筆者註：慶長遣欧］使節は倒幕のため援軍をスペインに求めたという、政宗の野望に結びつけて説かれている。しかし政宗の倒幕について語る記事は、いずれもヨーロッパ側で書かれた誇張が多く、スペイン王やローマ法王宛の政宗の正式の書簡には、そうした倒幕と軍事同盟を求める文章は一言も記されていない」と述べられている。確かにスペイン国王やローマ教皇宛の政宗の書簡や日本のキリスト教徒の奉呈文には、倒幕や軍事同盟を正式に求めた記述は見当たらない。ところが、使節一行がローマ教皇に請願した事柄に対する教皇庁からの公式な回答文書の中に、政宗の書簡や日本のキリスト教徒の奉呈文には書かれていない前述したような、「政宗のキリスト教徒の王」の叙任の認証および「キリスト教徒の騎士団の創設」の認証を得るために請願した内容が記されているのである。これらの驚くべき請願内容が幕府に漏れれば「謀叛」と受け止められ、最悪の場合は伊達藩の取り潰しが避けられない最高機密事項であったため、スペインやローマでは最後まで極秘扱いとされ、文書ではなく教皇パウルス5世との個別謁見の際に、訪欧使節団の主要メンバーが口頭によって請願したものであると推察される。なお、ヨーロッパに残されている慶長遣欧使節関係の記録文書で誇張して書かれたものは、アマティーの『遣欧使節記』の

前半部の一部だけであり、他の関係文書は上奏文や意見書などの公文書と教皇勅書なので、誇張して書かれたものではないと確信している。

5)『仙台市史』に散見されるその他の誤訳例

下記の『大日本史料』の欧文からそのまま転載したイタリア語表記の回答文書の中にラテン語表記の下線部分があるが、それを片仮名で原文表記のまま載せており正しく翻訳していない。

"Del resto se li danno indulgentie, e altari priuilegiati di mandati, perché i Gesuiti l'hanno per tutti le chiese nell Indie, eccetto l'indulgenze dimandate <u>porrigentibus manus ad intrices.</u>（= adiutrices）"

「なおまた彼が請願した贖宥や特権を有する祭壇については、総代理司祭を通してこれを認めることとする。なぜならば、イエズス会はすでにインディアスのすべての教会のために、**ポリゼンティブス・マヌス・アド・イントリチェス**の贖宥を除いてはそれらを有しているからである。」(『仙台市史』234号、308頁、上段)

上記文の中のラテン語の"adiutrices（支援）"の綴りを村上博士が"adintrices"と誤写して掲載した。それを『仙台市史』の担当者が誤りに気付かずそのまま転写したが、ラテン語表記の原文を正しく翻訳することができず、村上訳同様に「ポリゼンティブス・マヌス・アド・イントリチェス」と片仮名で意味不明のまま記述している。なお、『仙台市史』が邦訳の底本にした『大日本史料』(348～349頁)の村上訳は次のとおりである。

「贖宥を與へ、特権ある祭壇の設置を許すことに関しては耶蘇会員は印度地方の各会堂に於いて、之を有するが故に、之を許容する事、但**ポルリゼンチリブス、マヌス**の贖宥は、之を許可せざる事（原文のまま）」と、「ポルリゼンチリブス、マヌス」の意味不明のまま、やはり『仙台市史』同様に片仮名で記述している。ラテン語雑じりの上記イタリア語表記の文章の正しい翻訳は次のとおりである。

「その他彼ら（使節団）が請願した贖宥（indulgentie）および特権を有する祭壇（altari priuilegiati）については彼（司教総代理：Padre Vicario Generale）に委ねることにする（se li danno）。なぜならば、イエズス会がインディアス（アメリカ大陸）のすべての教会のために（per tutti le chiese nell'Indie）支援の手を差し伸べる（porrigentibus manus adiutrices）贖宥を除いてそれらを所有しているからである」

『仙台市史』215 号、「教皇パウルス 5 世宛日本のキリスト教徒書翰」1613 年 10 月 1 日（慶長 18 年 8 月 17 日付）(289 頁)、『大日本史料』第十二編之十二（欧文 131 号）の難解なラテン語表記の邦訳の中に、明らかに誤訳と思われる個所や意味不明な訳出が数多く散見される

【ラテン語表記原文】

"……praesertim cum ab imperatore Japonico praeterito Taycosama nuncupato primi illi apostolici religiosi qui ad nos advenerunt propter Christianum Dminum ejusue sanctisimae legis praedicationem ipsum imitantes cruci fuissent affixi et interfecti, cujus coelestis influentiae ubrrimi Quidem frutus modo ubique colliguntur : post obitum autem illius tyranni Imperator qui modo extat. Praefatis religiosis a terrenis omnibus alienis alias ab ipso pietate donatis ibi restitutis beneficia concessit, permissum dando ad ecclesias instruenda, et legem Dei populi praedicandam."

【『仙台市史』288 〜 289 頁の邦訳】

「…キリスト教徒たちの主とその至聖なる法の宣教のために我々のもとにやってきた、最初のその使徒的修道士たちが、太閤様 Taycosama と呼ばれた日本のかっての支配者によって、主を模倣しながら十字架に付けられて殺されたときから、この主の天の影響によるさらに豊かな実りが今や至る所で集められるようになっています。しかし、その暴君である支配者の死後、現在の支配者は上述の修道士たちに、慈悲の心から授けたものを後に退けることになる地上のすべてを復興させ、様々の恩典を授けて、諸教会を建てたり神の法を人々に宣べ伝える許可を与えてくださいました。」

以上が、『仙台市史』の邦訳文であるが、特に下線部分の日本語訳が意味不明なので、正しく訳出してみることにする。

「キリスト教徒たちの神とその聖なる教え（sanctissimae legis）の布教のために私たちのもとにやって来た最初の使徒的修道士たちが、太閤様と呼ばれた日本の前の皇帝によって、主の死を模倣して十字架に磔にされて殺されたときから、天国の影響の大変豊かな収穫物が至る所で取り入れられています（ubique colliguntur）、しかし、その暴君（圧制者）の死後、現在の皇帝は、現

世の（地上の）すべての物に無縁の修道士たちがそこに戻って来た時に恩恵を授けました。そして彼らに諸教会の建設 (ecclesias instruenda) と、神の教えを布教（宣教）する (legem Dei populi praedicandam) ための許可を与えて、主の憐れみによって他の物を授与しました。」

上記『仙台市史』の訳述では、"sanctisimae legis" を「至聖なる法」および "legem Dei" を「神の法」と訳出しているが、この場合は "legis" および "legem" を「法」と訳さず、「（神の）掟」または「戒律（天主の十戒）」のことなので、「至聖なる（神の）教え」または「極めて神聖な（神の）教え」と訳出すべきである。

以上述べた以外の『仙台市史』215号のラテン語表記の「教皇パウルス5世宛日本のキリスト教徒書翰」1613年10月1日（慶長18年8月17日付）（288〜297頁）の中の主な誤訳例は次のとおりである。

【ラテン語表記原文】(1)

"sex religiosi Ordinis Sancti Francisci cum viginti aliis ex nostris fuernt post delubria et auricularum dexterarum abscissionem cruci affixi propter praedicationem evangelii."

【『仙台市史』291頁の訳出】

「聖フランシスコ修道会の6人の修道士が私たちの中の他の20人と一緒に、福音宣教のために、裏切りと右耳を切り取られたあとで十字架に付けられました」

この訳出文の下線部分の正しい訳出は次のとおりである。

「福音宣教 praedicationem evangelii を行ったために、公衆の前で嘲弄されて右耳を切り取られる苦しみを受けた後十字架に磔にされました。」

【ラテン語表記原文】(2)

"et mulieres secundorum matyrum cum filiis fuerunt ab eodem principe simul cum bonis omnibus fisco traditae."

【『仙台市史』292頁の訳出】

「第二の殉教者たちの寡婦たちは子供たちと一緒に、同じ支配者によって全財産を没収されて［牢に入れられました］。」

この訳出文の下線部分の正しい訳出は次のとおりである。

「君主（又は王子＝Principe）の命令で全財産を没収されて国庫に引き渡さ

れてしまった（cum bonis omnibus fisco traditae）。」

　ところで『大日本史料』の翻刻文を原文書と突き合わせて正誤を確認しないで、そのまま転載して誤訳をしてしまった例文が『仙台市史』88号（177〜178頁）のスペイン語表記の「レルマ公宛支倉六衛門常長書簡」（1614年9月30日付）である、

【スペイン語表記原文】

"……sabiendo que vuestra Magestad es el supremo y poderosos Rey de los cristianos, y que el Señor Papa es la cabeça y perlado de todos los del mundo."

【『仙台市史』の日本語訳】

「至高なる国王陛下はキリスト教徒たちの偉大にして強力な王であることと、そして教皇聖下は世界の信徒全体の頭にして珠玉のような方（perlado）であると聞き知って」

　『仙台市史』の担当者は、村上博士が"prelado"（高位聖職者）を"perlado"（真珠のような形の、真珠色の）と誤写したことに気付かず、そのまま転写して誤訳してしまっている。それにしても「（ローマ教皇は）珠玉のような方（perlado）である」と、訳出しているが、私には「珠玉のような方（人）」とはどのような人を指すのか理解することができない。多分、翻訳者は意味不明のまま邦訳したのではないかと思われる。このような基礎的な誤謬は十分なスペイン語能力を身につけていれば避けられる問題である。正しい邦訳例は次のとおりである。

「国王陛下はキリスト教徒たちの至上の人で、強力な王であります（es el supremo y poderoso）。そしてパパ様（ローマ教皇）は全世界の信徒の頭であり、高位聖職者（prelado）であると知っております。」

　兎に角、一つの語句の誤写や誤訳で文全体の意味が全く違ってしまうことを翻訳者は認識すべきである。

　さらに、もう一つ重要な誤訳例を挙げて見る。村上博士が「ローマ市民権証書」（仙台市博物館所蔵）のラテン語の字句を間違えて転写し、『大日本史料』第十二編之十二（欧文141号）に掲載しているが、それをそのまま訂正せずに『仙台市史』217号に引用している。

　「ローマ市民権証」のラテン語表記の原文と『仙台市史』邦訳を突き合わ

第 1 章　慶長遣欧使節研究に不可欠な要件とは

せてみると完訳とは言い難く、かなり省略されている部分があり、どちらかと言えば抄訳である。まず、それほど重大な誤謬とは言えないが、文の冒頭のラテン語文 "De illust［rissimo］et excell［entissimo］Philippo Francisco Faxecvra Rocvyemon Romana Civitate donando ad senatvm retvlere S.P.Q.R. de ea re ita fieri censvit." を「いとも顕著にしてすぐれたフィリッポ・フランシスコ・ファシェクラ・ロクエモンにローマ市の公民権を贈ることをローマ市貴族院に提議し、これに関して以下の決議がなされた（原文のまま）」と、訳出しているが、そもそも「顕著」とは、際立って目につくさまの意であり、訳文は「際立って目立っているフィリッポ・フランシスコ・ファシェクラ・ロクエモン」と、なってしまう。しかし、"illust［rissimo］" の本来の意は、illust の絶対最上級の「閣下」または「猊下」という尊称である。また、"Romana Civitate" を「ローマ市の公民権」と訳出しているが明らかに誤謬であり、正しくは「ローマ市民権」と訳すべきである。ちなみに、「公民権」とは、公民としての権利の意であり、特に選挙権・被選挙権のことをいう。また、「市民権」とは、市民として行動・思想・財産などの自由が保障され、国政に参与できる権利のことをいう。したがって、このラテン語文の訳出は、「いとも卓越したフィリッポ・フランシスコ・ファシェクラ・ロクエモン閣下にローマ市民権（Romana Civitate）を授与する件について、ローマ元老（貴族）院に提案し、この案件を次のように処置するよう決議した。」となる。

　次に、前述したように同市民権証書の訳文の中に、村上博士が転写ミスをして掲載した字句があるが、『仙台市史』のラテン語の翻訳担当者がそれに気付かず次のように誤訳している。

【ラテン語表記原文】
"et lesv Christi Filli Dei Omnipotentis Vicarivm, ea qva decet reverential venerando ad accipiendam dicti Regis ac Regni <u>vitelam［tutelam］</u> paternamqve evram hortaretvr."

【日本語訳】
「全能の神の御子であるイエス・キリストの代理者であるローマ教皇を畏敬をもって尊敬しながら、<u>上述の王と王国を受けるために配慮を促すということである。</u>」

第Ⅰ部　慶長遣欧使節の実像と虚像

と、訳出している。しかし、原文と校合して異同を確認したところ後半部分の "tutelam"（保護、後見の意）を村上博士が "vitelam" と誤写したことが判った。これを『仙台市史』のラテン語の翻訳担当者が "vitelam" が "tutelam"（保護、後見の意）の誤写であることが理解できず "tutelam" の訳出を省略してしまっている。その結果下線部分の邦訳が意味不明となっている。適切な訳出は下記のとおりである。

「全能の神の御子イエズス・キリストの代理者であるローマ教皇に相応しい栄誉と敬意を表して、前述の国王（伊達政宗）と（日本）王国の保護（tutelam）を父性的な配慮を受けるべきである。」

なお、「ローマ市民権証書」は、国宝・ユネスコ世界記憶遺産に登録されている重要な文化財であり、多くの人が目に触れるので、同証書に書かれている全文の正確な邦訳が求められる。なお、「ローマ市民権証書」の全邦訳は拙著『支倉六右衛門常長―慶長遣欧使節を巡る学際的研究―』（文眞堂、322～326頁）を参照されたい。

以上述べた以外に翻訳者の語学能力不足や読解力不足などによって訳出が本来の意味から極端に逸脱する場合がある。その後者の一例として、「スペイン国王フェリッペ3世宛支倉六右衛門書簡」(1617年4月24日付、セビィリャ発信)の邦訳例を挙げてみる。

"Estando pues assi el Rey mi Señor, como el resto de toda aquella christiandad esperando la buena correspondencia desta embajada con religiosos y prelado para poner en execución sus buenos intentos."

「……、我が君なる王（政宗）と残りのかの地の全キリスト教界とは、その善き意図を実行に移すための（para poner en execución sus buenos intentos）修道士たちと高位聖職者と共に、この使節に関する良き通信を待ち望んでいます。」（『仙台市史』282号、348頁）

上記文の下線部分の "sus buenos intentos"（複数の目的企てを表わしている）を「善き意図」と訳出しているが、それよりも「様々な善き企て（目的）を遂行するため」の方が分り易いし、また、"desta embajada" を「使節に関する……」と訳出しているが、寧ろ前置詞 "de" を「～に関して」と訳出するより≪根拠≫～から（判断して）、「この使節から…」と、訳出すべきである。従って、正しくは次のとおりである。

第 1 章　慶長遣欧使節研究に不可欠な要件とは

「私の主人の王（政宗）と残りの彼の地のすべてのキリスト教界は、それらの善き企て（目的）を遂行するために（para poner en execución sus buenos intentos）修道士たちと高位聖職者と共に、この使節から良い通信（連絡）を待ち望んでいます。」

　このスペイン国王宛の支倉書簡は、使節団のヨーロッパ訪問目的を知ることができる重要な一級史料だけに邦訳には何よりも正確性が求められる。

6）古典ポルトガル語表記の原文書からの翻刻・翻訳に典拠不記載

　最後に、ポルトガル語表記の原文書からの翻刻・翻訳の初出書の典拠不記載（無断掲載）は、下記に示す『仙台市史』に掲載された東京大学名誉教授五野井隆史氏担当のイエズス会士ジェロニモ・デ・アンジェリス師の5通の書翰（表5）である。

　これら5通の書簡は、1996（平成8）年7月に私がローマのイエズス会本部を訪れ、同修道会の高位聖職者の紹介により、イエズス会付属文書館の当時の館長ヨゼフ・デ・コック師から原則として禁止されている複写コピーやマイクロフィルムを特別の許可を得て入手して日本へ持ち帰ったものである。多数の日本語雑じりの同書簡は破損が激しく、判読が困難な不鮮明な文字が多いことから、多数のポルトガル語の古文書学の専門家の協力を得ながら私が2年半の歳月をかけて翻刻（手書きの原文を活字体に直す作業）および

表5　『仙台市史』「慶長遣欧使節」掲載ジェロニモ・デ・アンジェリス書簡

資料番号	掲載頁	タイトル
321	401～403頁上段	マカオ在アルフォンソ・デ・ルセナ宛 ジェロニモ・デ・アンジェリス書翰 1617年11月28日付、奥州発信
333	407～410頁	イエズス会総長ムティオ・ヴィテレスキ宛ジェロニモ・デ・アンジェリス書翰 1619年11月30日付、日本発信
337	415（下段）～419頁（上段）	イエズス会総長ポルトガル管区補佐ヌーノ・マスカレニャス宛ジェロニモ・デ・アンジェリス書翰 1620年11月30日付、日本発信
338	419（下段）～420頁（上段）	イエズス会総長ヴィテレスギ宛ジェロニモ・デ・アンジェリス書翰
339	420（下段）～423頁（上段）	マカオのアフォンソ・デ・ルセナ宛 ジェロニモ・デ・アンジェリス書翰 1620年12月10日付、日本発信

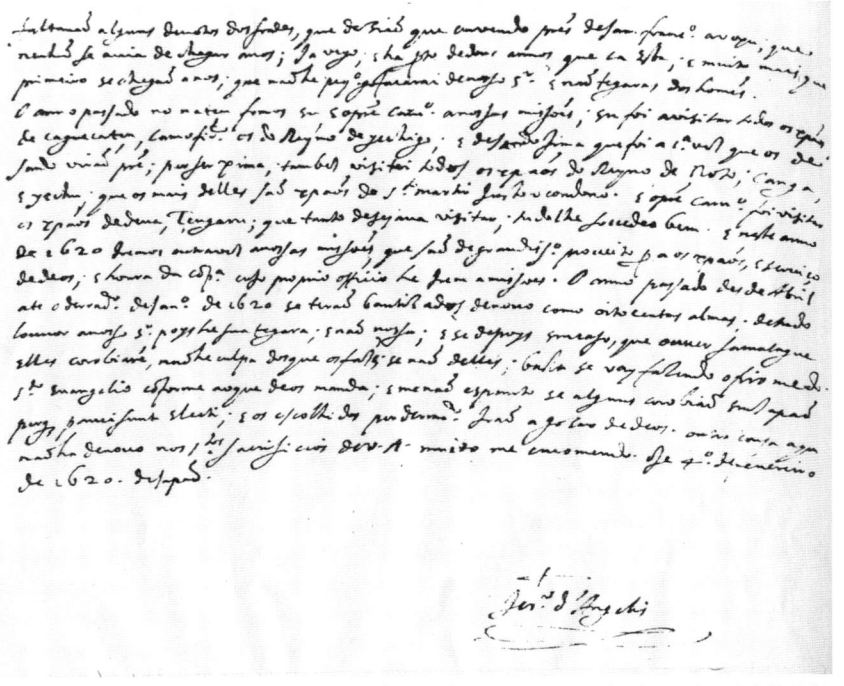

第Ⅰ部　慶長遣欧使節の実像と虚像

図15　ジェロニモ・デ・アンジェリス書簡の一部（ローマ・イエズス会本部付属文書館所蔵）

　邦訳を日本だけでなく、東西の学界で初めて成し遂げ、日本大学に提出した学位請求論文の中で公に提示した。ちなみに、5通のアンジェリス書簡の翻刻文および全邦訳は拙著『支倉六右衛門常長―慶長遣欧使節を巡る学際的研究―』）（文眞堂、1998年10月）および『支倉六右衛門常長「慶長遣欧使節」研究史料集成』、第一巻、（雄山閣、2010年3月、193～252頁）に掲載しており、東西の学界で認知されている。
　ところで、問題は、『仙台市史』の321号、333号、337号、338号および339号の翻訳を担当した東京大学史料編纂所名誉教授五野井隆史氏が私の著書から無断で翻刻文を転用したことである。つまり、同氏は私が最初に成し遂げた翻刻（字）を基にしていながら、あたかも自分自身で翻刻をしたように装って、自著書『支倉常長』（吉川弘文館）（一部典拠不記載）および『仙台市史』に掲載したのである。もちろん、注釈欄に私によるこれらの書簡の先行の翻刻・翻訳があることを一言も記載しなかったのである。明らかに典拠

98

不記載（無断掲載）である。ちなみに、既述した「キリスト教史学会」の紀要『キリスト教史学』第 68 集の書評欄で、日本女子大学教授村井早苗氏が次のように述べている、

> 「アンジェリスの書簡はローマ・イエズス会文書館所蔵で、日本語雑じりのポルトガル語で記されている。そして五通中四通を、大泉氏は初めて翻刻・翻訳されている。」

と同学会内では周知の事実である。しかしながら、五野井氏はこうした事実を無視し、私が仙台市博物館を通して強く抗議したことに対し、同博物館はあくまでも五野井氏が自分自身で翻刻・翻訳を行ったと次のように回答してきた。

> 「（アンジェリス書簡の）翻訳に当たっては、適宜翻字（翻刻）を行ったが、その際は一部チースリク神父『北方探検記』を参照した個所もあるが、基本的には独力で行った。
> 　日本語訳についても、新たに独力で行った。当該資料も含め、欧文資料の翻字や日本語訳を行う際は、既に訳されているものがあっても参照せずに訳を作成している（参照すると、その訳に引きずられてしまうので）。当該資料については、大泉氏の業績があることは承知していたが、今回の翻訳文（翻字を含む）を作成するに当たって引用などを行っていない。翻訳文が似てくるのは、原文が同じものであるので当然のことと考える。」

と正当化しようとしている。アンジェリス書簡は［図 15］に示したように、非常に癖のある判読が困難な不鮮明な文字で書かれているため、ポルトガル語を母語にするポルトガル語専門のベテランの古文書学者でさえも翻刻するのが非常に難しいというのが私の長い研究生活から得た教訓である。五野井氏の独力で翻刻したという言い分はとても信じられないのである。いずれにせよ、私が初めて公に提示したアンジェリス文書の翻刻文を引用しないで、五野井氏が独力で翻刻したという博物館側の言い分は納得できない。私は五野井氏のこうしたやり方に対し、憤懣を通り越して慨嘆するのみである。五野井氏がこうした典拠不記載（無断掲載）という行為をしても、同氏は東京大学史料編纂所教授という権威ある組織の一員であり、日本のキリスト教史学界の権威であるというだけで、学界ではその行為に対し、見て見ぬふりを

して沈黙を守り、誰一人としてまともに注意を喚起したり、批判をしようとしないのである。また本人もこのような批判に対し、耳を傾けようとせずただ、沈黙を守っているのである。

　ちなみに、五野井氏は私が1999年春に日本大学に提出した「支倉六右衛門常長―慶長遣欧使節を巡る学際的研究―」と題する学位請求論文の論文審査委員の副査を東京大学名誉教授亀井俊介博士と共に担当し、「審査結果の要旨」の【3】の「本書に対する評価」の中で、「立論に当たり、**難解なアンジェリスの書簡5通を翻字紹介し、この訳文と共に検討史料として公に提示されたことは、同史料に基づく議論の展開に大いに寄与するものである**」と高く評価している。五野井氏が私より先行して同文書の翻刻・翻訳を独力で完成させていたならば、上記のような評価をするはずはなかったのである。五野井氏の説明は矛盾を孕んでいて納得できるものではない。

　少なくとも、「井戸を掘った人を大切にする」という中国の故事に倣い、礼儀を尽くすべきである。

　いずれにしても、私がどうしても許容できないのは、平井新氏が前述の『仙台市史』に執筆した小論「慶長遣欧使節と徳川の外交」（569〜570頁）の中で、アンジェリス文書を『仙台市史』（339号）からの引用と記述していることである。また2010年8月に出版された『徳川家康のスペイン外交』（新人物往来社、2010年8月、180〜181頁）の中でも、著者の鈴木かほる氏がアンジェリス書簡を引用している。だが、そのアンジェリス書簡の出典を『仙台市史・特別編8、慶長遣欧使節』339号、333号と記述しており、私の名前や著書名が完全に闇に葬られてしまっていることである。今後も同様な形でアンジェリス書簡が多くの研究者や著述者に引用されることは必至なので、何としてでもこの問題を解決せねばならないと思っている。

　以上、五野井氏の典拠不記載（無断掲載）について批判したが、これは同氏の態度を改めて欲しいからに他ならない。

　一方、図版の典拠不記載（無断掲載）では、使節団のメキシコでの動静を知ることが出来るパリ国立図書館（Bibliotheque Nacionale de Paris, Le manuscrit mexicain 220）所蔵のナウア語（Nahuatl）で書かれた「チマルパインの日記（部分）」写真図版（『仙台市史』151頁）の出典が記載されていない（複本はメキシコ国立図書館〈Biblioteca Nacional de México〉所蔵）。

以上、『仙台市史』の史料集の問題点について詳細を述べてきたが、これは同資料集に貶める目的ではなく、あくまでも学術的な史料批判の見地から私が気づいた点について忌憚のない意見を述べたに過ぎない。そして何よりも『仙台市史』に掲載されている使節関係の海外史料の翻刻・翻訳や解釈の誤謬によって歴史事実が大きく変えられてしまうことを読者諸氏に知ってもらうためでもある。

総じて言えば、『仙台市史』の資料集は、仙台市博物館側の使節派遣の目的がメキシコとの直接通商交易の開始と宣教師派遣の要請だけであり、その他の宗教的な目的は無かったとする定説を崩さないことを大前提にして編集されている。そのため翻訳文や論文の内容が「宗教的な目的」ではなく何が何でも「通商交易目的」であることを強く印象づけようとしている。

5　仙台市博物館側の史観を擁護する地元大学の研究者

余談になるが、平成13年度の『仙台市博物館調査研究報告』第22号（平成14年3月発行）に、『仙台市史』の執筆委員を務めた東北学院大学教養学部助教授（当時）石田啓氏が「ローマ教皇パウロ5世宛伊達政宗ラテン語書状について―西洋古典文献学の立場から―」という論文を掲載している。同論文の中で、同氏が仙台市博物館から依頼されたラテン語表記の政宗のローマ教皇宛書状を次のように邦訳（一部）して紹介している。

「（政宗からローマ教皇に宛てた）手紙の内容は宣教師派遣依頼と、スペイン国王との友好関係樹立に基づくノーヴァ・イスパニア（メキシコ）との交易開始の2点であるが、金箔、銀箔を散りばめた縦95センチの料紙に書かれた、宛名と差出人名を除いた手紙本文27行のうち、宣教師派遣には約10行、交易開始には5行程が割かれ、前者が倍量を占めている。しかし量が凡そ半分とはいえ、後者に使用されている言語表現には強調形が目立つことを考えると、政宗自身は宣教師派遣よりも交易開始に対してより強い意欲を持っていたように思われる。（原文のまま）……（略）」

石田氏は、客観的な証左を示さずに上記政宗の親書では「政宗は宣教師派遣よりも交易開始に対してより強い意欲を持っていた」と、わざわざ読者に

第Ⅰ部　慶長遣欧使節の実像と虚像

対し「交易開始」が使節派遣の目的だったような印象を与えるように強調して述べている。同氏が「言語表現には強調形が目立つ」などという客観性に欠ける自説を根拠にしているがまったく無意味なことである。つまり、下記に示す政宗の教皇宛親書のラテン語原文には石田氏の邦訳文にあるような「交易を切に求める……」に該当する直接的な語句が見当たらないのである。

【ローマ教皇宛伊達政宗書状のラテン語原文】
"……Cognovi praeterea quod meum a Novae Hispaniae Regnis quae potestati aeditioni potentissimi Regis Hispaniae Philippi subsunt, non multum distat, qua propter eum desiderio communicandi cum ipso et cum illis Christianorum regnis ejus amicitiam exopto, quod equidem sic fore confido, si tua auctoritas interveniat."

【石田啓訳】
「ところで、いとも力強きイスパニアのフィリップス王の権能と命令に従うノーヴァ・イスパニア王国から、我が王国は左程離れてはいないことをよく承知しています。フィリップス王と、そのキリスト教徒から成る王国との交易を切に求めるが故、王との友好を強く望みます。実現すると信じていますが、もし教皇様の関与が可能ならば友好への端緒を開き、成就に向けてお導き下さるよう、ここに恭しく希う次第であります。……」

と、石田氏は"desiderio communicandi"を「交易を切に求める」と訳出しているが、"communicandi"の本来の意味が「交通」、「連絡」であり、拡大解釈すればもちろん交易も含まれるだろうが、この場合は、宣教師の往き来なども含まれることから「交流いたしたく」と訳出すべきである。また、"interveniat"を「関与」と訳出しているが、この場合「仲介（仲に立つ、介入、干渉）」の方が適訳である。訳出例は下記のとおりである。

「いとも権勢あるイスパニア国フィリッピ（フェリッペ）王の権力と支配の下にあるノヴァ・イスパニア（ヌエバ・エスパニア＝メキシコ）の諸国から私の領国は遠く離れておりません。それでフィリッピ（フェリッペ）王およびキリスト教徒たちのそれらの諸国と交流を図りたいので、王との友好を熱望するものです。もし御身（教皇聖下）の権威の仲介があれば、そのことは必ずや実現すると確信します。高貴な御身（教皇聖下）におかせられては、その仲介の労をとり、最後までお導き下さいますように、謹んでお願い申し上

げます。」

　さらに石田氏はこの論文で、「……、この17世にの日本の王［筆者註：政宗］もまた時代の息吹を強く感じていた人物であったと言える。政宗が持っていた未来への眼差しに対する評価は今後とも減じることはないだろう」と、伊達政宗を絶賛している。しかしながら、序章でも述べたことだが、松田毅一博士も自著『伊達政宗の遣欧使節』（新人物往来社、1987年、27頁）の中で、政宗がスペイン国王、セビィリャ市庁、ローマ教皇などに向けて、およそ心にもない虚言を書き送ったことに関し、次のように厳しく批判している。

　　「……、その華麗な日本紙にしたためられた書状において政宗は、キリシタン宗門を讃え、かつ宣教師を奥州に派遣されたい、大いに布教を歓迎するという意味のことを明記している。だが実際には政宗は、領内でキリシタン宗門を禁じたのみならず、仙台に来た宣教師やキリシタンらを残虐な手段で処刑したのである。このような行為が国際的信義という観点から許されてよいわけはなく、伊達政宗はその点では、日本人の恥を海外に曝し、日本人為政者の言は信用はおけぬということを立証したことになる。」

石田氏は政宗の人物評価をする場合、この事実を無視してはならない。

　以上、石田氏の翻訳解釈について述べた。翻訳者によっていろいろな訳出があって良いという見方もあるが、ただ、原文から逸脱した訳出では無意味になる。ちなみに、政宗のローマ教皇宛親書だけでなく、ほぼ同じ内容のスペイン国王宛親書やセビィリャ市宛親書でもメキシコとの交易に関しては書簡の最後の部分で曖昧な表現でごく簡単に触れているに過ぎないのである。そして何よりも使節団がスペイン訪問当時、インディアス顧問会議が支倉やソテロから直接事情聴取を行うなど、様々な観点から調査し、支倉使節団は通商使節団ではなく宗教使節団であると断じて国王陛下に上奏している。ちなみに、1614年11月11日付で、国王フェリッペ3世は、奥州国王の使節に関するインディアス顧問会議の奏議に対して次のように命じている。

　「使節が速やかに（マドリードへ）到着する故、彼らをフランシスコ会の修道院に宿泊させ、……（略）。アロンソ・ムニョス師が来れば、本件につき訊ねた後、フライ・ルイス・ソテロに会わせ、成すべきことを協議させ、使節来訪の目的、およびこの使節に何を期待し得るかを徹底的に究明せよ。」

つまり、支倉とソテロは、スペイン政府に対し政宗からの密命（伊達藩内にキリシタン帝国を建設し、政宗がキリスト教徒の王となり、ローマ教皇聖下の支配下となるキリスト教徒の騎士団を創設することなど）について明かさなかったため、使節一行が何の目的でスペインを訪問したのか最後の最後まで理解されなかったのである。さらに、インディアス顧問会議は、1615年1月16日付で奥州国王の使節の処遇について、次のように国王に奏議文を奉呈している。

「この国王（伊達政宗）は日本皇帝の家臣である殿たちの一人である以上、イタリアの下級諸侯から派遣されてきた者と同様に遇してよい。何故ならば今日まで、<u>奥州王国の書状は使節からもフライ・ルイス・ソテロからも当顧問会議に提出されていないし、使命の内容やその動機を示す何らかの文書も提出されていないのであるから</u>、前記のように処遇してよいと考えられる。」
（A.G.I., Filipinas, 67-6-11）
と、使節一行がスペイン政府に対し政宗の使節派遣の目的の内容を記述した書状を提出しなかったことが分かる。仮に、使節一行がスペイン到着後に「スペイン（メキシコ）との通商交易開始」の外交交渉が主目的であることを表明していたなら、このように冷遇をされることはなかったのである。

こうした文書史料の分析を踏まえてスペイン政府は、2014年6月14日〜同年8月15日までセビィリャ市のインディアス総合文書館（A.G.I.）で開催した教育文化・スポーツ省主催の使節関係の資料展のテーマを「キリスト教の（信仰の）光を求めて日本からローマへ──支倉使節（1613〜1620）──（De Japón a Roma Buscando el sol de la Cristiandad─LA EMBAJADA DE HASEKURA─」と題し、支倉使節団をあくまでも「宗教使節団」として扱っている。

6 『大日本史料』第十二編之十二および『仙台市史』を底本とした鈴木かほる著『徳川家康のスペイン外交』の誤謬個所

鈴木かほる著『徳川家康のスペイン外交』（新人物往来社、2010年8月）の第7章〜第11章は、『大日本史料』第十二編之十二および『仙台市史』を底本として書かれている個所が多いが、下記に示すような基本的な誤謬個所が散

見されることから訂正する必要があるので述べさせてもらうことにする。
　①【同書第7章、122頁9行目〜12行目】
　「(一) 六一〇年、日本よりノビスパニアに来た日本人の頭たるドン・フランシスコ・デ・ヴェラスコ、別名「ジョウスケドノ」(Jocuquedono)（勝介殿）ほか日本人二十二名」とあるので、田中勝介は現地に滞在中、洗礼を受け、ヴェラスコという教名を貰っていたことがわかる。彼の入信は、商売に利するためであったことは言うまでもない」と、憶測で断言しているが、田中勝介だけでなく、慶長遣欧使節団の随行員もメキシコで集団受洗しているが、彼らの入信は商売に利するためではない。アメリカ大陸に渡った日本人が洗礼や堅信を受けた理由は、当時、メキシコでは「インディアス法」(Recopilación de Leyes de los Reynos de las Indias) によって、「（キリスト教の）信仰は、能力を制限する原則の一つであり、（キリスト教以外の）異端の信仰を有する者は法的能力を有せず、栄誉およびその財産を剥奪される」と、厳しく定められていた。またメキシコに渡航できる移住者は、3代にわたってキリスト教徒であることを証明できる者に限られていた。そのため異教徒であった日本人は現地においてこの不利な条件を取り除くため自らの意思に反してでも、キリスト教の洗礼を受ける必要があったのである。
　②【同書第10章、148頁6〜10行目】
　「伊達家の記録に慶長十七年（一六一二）四月二十二日、江戸邸で……、政宗がソテーロと親交を結ぶようになったわけではなかろうが、このときソテーロは六〇歳を越え、日本語もよくし、家康・秀忠をはじめ、……」と、慶長17年4月の時点におけるソテーロの年齢を60歳と記しているが、彼は1574年生まれなので38歳であった。
　③【同書第10章、149頁17〜18行目】
　「政宗の派遣の目的は、領内にキリスト教布教を認めることを条件に、メキシコと直接通商を開くことにあったことは、政宗の慶長十八年九月四日付イスパニヤ国王宛の書簡により明瞭である」と、「南蛮國書翰案文」『大日本史料』第十二編之十二、171頁から引用しているが、このように明言された記述はどこにも見当たらない。
　④【同書第10章、161頁3〜5行目】
　「だが、マドリードでの交渉は不調に終わった。その理由は、ビスカイノ

から日本におけるキリスト教弾圧が伝えられていたし、また支倉六右衛門が、日本国の正使ではなかったことなどがあげられよう」とあるが、結論から言えば、スペインでの外交交渉が失敗したのは、支倉が日本国の正使ではなかったからなどの理由ではない。使節のスペインおよびローマ訪問の目的に関して、ヌエバ・エスパニア副王やセバスティアン・ビスカイノから否定的な報告書が国王宛に提出されたうえに、セビィリャ市やインディアス顧問会議の担当者に対し、支倉とソテロが曖昧な説明をしたため、スペイン政府から疑惑を抱かれ、セビィリャ市を出発してマドリードに向かう直前に開かれた枢密会議で使節の性格や格式などが大きな問題となった。枢密会議では特に、使節団がスペイン側に求めた宣教師の派遣要請が日本の皇帝（将軍）の承諾を得たものであると説明したことに関して、「キリスト教徒に反対を宣告した日本の皇帝（家康）が、宣教師（派遣）を要請している奥州の王のような対応をするはずがない」と、疑惑を抱かれてしまったのである。この奏議の内容からも、使節団の目的が日本との（通商）交易開始の外交交渉よりも宣教師の派遣要請の交渉に重点が置かれていたことがわかる。

⑤【同書第10章、161頁8行目】

「正式な［筆者註：ローマ教皇との］謁見式は十一月三日、バチカン宮殿で行われ、このとき支倉六右衛門は、主君政宗の親書を奉呈している。その親書の主たる内容は、身分の高い宣教師を奥州に派遣することを請い、奥州にフランシスコ教会派の建設を約束するというものであった」と記述されているが、「フランシスコ教会派の建設」という表現は誤謬であり、正しくは「フランシスコ会の修道院の建設」である。

⑥【同書第11章、163頁3〜5行目】

「伊達政宗遣欧船サン・ファン・バウティスタ号は、支倉六右衛門一行がメキシコ市内に向かってアカプルコから離れた後も、メキシコ側によってしばらくアカプルコに抑留されていた。許可なく入港したという理由である」と断言されているが、間違った指摘である。

使節一行はヌエバ・エスパニア（メキシコ）副王グアダルカサール侯に、「サン・ファン・バウティスタ号」を直ちに、日本へ帰航させてくれるよう許可を願い出た。帰航するためには、メキシコ側は、水夫、水先案内人を再び貸し与えねばならない。しかし副王は日本人が航海術と造船術を習得し、遠洋

第1章　慶長遣欧使節研究に不可欠な要件とは

航海に習熟することを恐れ、スペイン国王フェリッペ3世の訓令があるまで、「サン・ファン・バウティスタ号」をアカプルコ港に約1年間停留させることにしたのである。これに対し国王は、1614年12月23日付副王宛書簡で「日本人はメキシコで収入もないのに費用ばかり掛かっている」と述べ、国王は日本人が乗って来た船で直ちに送り出すように命じた（A.G.I.,Mexico, 1065, Vol.VI, F.117v.Ss）。そのため、ヨーロッパへ向かう支倉とソテロが率いる「訪欧使節団」のメンバーと別れた120余名のメキシコ残留組は、翌年、1615年4月28日、アカプルコ港を出帆し、日本に戻った。

⑦【同書第11章、178頁3〜9行目】

「……、フィリピン政府が政宗船に修理を加え、しばらくマニラーメキシコ間の航海のために使っていたが、オランダ人が艦隊一四隻を率いてメキシコへ来襲するという報を聞き、メキシコはこれに備え一六一八年、政宗船を借り受け戦闘に加わったが、船の成績が良好であったため、メキシコ政府の要望により、日本人の反対を押し切り一六一九年に廉価をもって買い取られた（前半部）。フィリピン政府が政宗船を買い上げた理由はそれだけではなく、日本との交流が破綻した今、日本が政宗船に乗ってマニラへ攻め入るという懸念もあったであろう」と記されているが、前半部も後半部も著者の鈴木かほる氏の客観的な史料に基かない憶測によって書かれている（後半部）。つまり、政宗船は1618年6月にアカプルコ港からマニラへ入港してから、スペイン側へ売却するまで、マニラーメキシコ間の航海のために使用されたという事実はない。

まず、前半部は、「メキシコ総督宛書簡「西班牙国セビィリャ市インド文書館」二四二・二四三号『大日本史料』十二之十二、五一三頁および五一四頁（原文のまま）」から引用されているようだが、インディアス総文書館（A.G.I.）の書架番号で史料分類名（例えば、Filipinas〈フィリピン関係文書〉、México〈メキシコ関係文書〉等）が抜けており、番号だけが記されているため、原文書を特定することができない。また、オランダ人が14隻の艦隊を率いてメキシコへ来襲するという史的事実もない。また、1618年に政宗船がマニラに入港後1619年に買収されるまで戦闘に加わった事実はない。さらに、「サン・ファン・バウティスタ号」売却にあたり、支倉の配下の日本人が反対したという客観的な史料もない。

107

第Ⅰ部　慶長遣欧使節の実像と虚像

　1619年7月28日付でフィリピン総督から国王陛下に宛てた日本船（サン・ファン・バウティスタ号）を買収したことを知らせた書簡（A.G.I., Filipinas 20, Ramo 13, N.86）によると、「日本船（サン・ファン・バウティスタ号）」のスペインへの譲渡について次のように報告されている。

　「昨年の1618年、ヌエバ・エスパニアから（フィリピンに）到着していた日本の大使（支倉）と彼の配下の日本人の船（サン・ファン・バウティスタ号）を艦隊に加えることが重要であることに気づきました。フランシスコ会の修道士たちを仲介して、彼らに突然生じるどんな損害や損失に対し支払うことを申し出ました。大使が配下らと共に大変良い対応と歓迎をしてくれたので、格安の値段でそれ（船）を譲渡してくれることを決めました。その後、他の者たちと共に（オランダとの）戦いの準備が始められました。船がかなり不足していたので、極めて妥当な価格で陛下のために（船を）購入したので、使用してきた、また使用できた艦隊はすべてで4隻の大型船、2隻の平底船、4隻のガレー船だけであり、敵（オランダ）が所有していると言われる14隻のガレオン船に抵抗するには十分ではありません。」

　⑧【同書第11章、182頁】

　「……、現地における彼ら日本人の実態は、残念ながらスペイン人宣教師の記録に頼るしかないが、彼ら宣教師の記録では、メキシコの女性と結婚し残留した日本人も少なくなく、逃亡者もあって、日本へ帰国した者はわずか二〇名余であったという」とあるが、使節一行に同行したルイス・ソテロ神父を除き、日本人の動静についてフランシスコ会の宣教師で記録していた者は誰もいない。ちなみに、ルイス・ソテロは日本へ再入国後間もなく捕まり、大村の牢獄に入れられていたが、その時ローマ教皇宛に使節の『回想録』をまとめて書き送っている。宣教師の記録では、と記述されているが、具体的に誰のことを指しているのだろうか。彼らの記録に随行した日本人がメキシコ女性と結婚したとあると明言しているが、そのような記録は存在しない。メキシコに残留した使節関係者（ルイス・デ・エンシオ福地蔵人ら）がメキシコ女性と結婚したことに関して書かれた本は拙著『メキシコの大地に消えた侍たち—伊達藩士・福地蔵人とその一族の盛衰—』（新人物往来社、2004年）がある。

7 シピオーネ・アマティー著『伊達政宗遣欧使節記』の日本語翻訳本（ローマ、1615年刊）

　現在、慶長遣欧使節の研究者が引用・参考文献として最も多く使用しているのは、『大日本史料』第十二編之十二および『仙台市史』などの史料集以外に難解な古典イタリア語で書かれたシピオーネ・アマティー博士（Dottor Scipione Amati）の『伊達政宗遣欧使節記』（以下『遣欧使節記』と記す）がある。

　著者のアマティーはイタリア人の歴史家・言語学者で、マドリードからローマまで使節一行の通訳兼交渉役として同行した。同書はオクターヴォ判（縦21.5cm×横15.5cm）。扉一枚、教皇パウルス5世への献呈辞6枚、読者への言葉7枚、目次1枚、本文76頁あって、教皇への献呈辞だけがラテン語で記されており、他はすべて極めて難解な古典イタリア語で書かれている。

　『遣欧使節記』の古典イタリア語表記の原文は、①改行がほとんどなく長文である。②代名詞が頻出して誰を指しているのか不明である。③主語が省略されている、などの文法的な特徴が見られ、訳出はかなり難解である。なお、イタリア語版の『遣欧使節記』が出版された2年後の1617年には、フランシスコ修道会のトビア・ヘンジュリウム Thobian Hendschelium 師によるドイツ語版がドイツ・インゴルシュタットから出版されている。

　ところで、『遣欧使節記』のスペイン語版は、当時刊行されることはなく、同書の存在すらごく一部の研究者のみにしか知られていなかった。前述したように、私はファン・ヒル博士と共著で "Historia de la Embajada de Idate Masamune al Papa Paulo V（1613-1620）"（『伊達政宗がローマ教皇パウロ5世に遣わした使節史』）を上梓した。同書第2章において400年振りにアマティーの『遣欧使節記』を初めてスペイン語に翻訳して掲載した。

　アマティーの『遣欧使節記』は、ヨーロッパでの使節の動静を記した後半の部分だけは使節の一級史料として評価される。しかしながら、日本を出発してからマドリードまで（第1章～第15章）はアマティーは直接目撃していない。マドリード以前のことは、ルイス・ソテロや支倉六右衛門など日本人随行員から聞知して執筆しているため、それらは一級史料と見るべきではない。とりわけ、奥州国の事情や伊達政宗の宗教心などについて事実を織り交ぜているとはいえ、虚飾や誇張された荒唐無稽の記述が多いので、ほとんど

第Ⅰ部　慶長遣欧使節の実像と虚像

史料的な価値がないと言える。とはいえども、私が改めて邦訳した結果、第13章〜第15章までの江戸におけるキリシタンの捕獲、投獄、迫害の様子やルイス・ソテロの投獄、釈放から使節派遣までの経緯などについては、日本側史料や答礼大使セバスティアン・ビスカイノ司令官のスペイン国王フェリッペ3世宛書簡などと符合するので、信憑性があることが判明した。

明治34年以来今日までに既刊された『遣欧使節記』の邦訳書は、数冊あるがすべて部分訳か抄訳であり、一部の論文を除き、残念なことに誤訳の字句が非常に多く散見され、本来の意味とはまったくかけ離れた訳出になっ

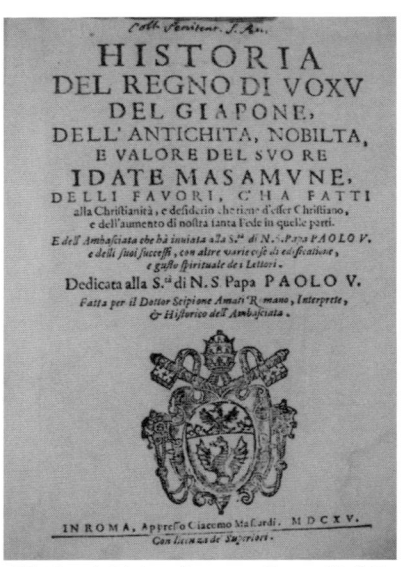

図16 シピオーネ・アマティー著『伊達政宗遣欧使節記』（1615年刊、フィレンツェ図書館蔵）

ており、結果として当該使節に関する歴史解釈の誤謬や誤解を生じさせたのである。こうした問題を踏まえて、同使節記の第1章〜第31章まで全章を邦訳し、それにイタリア語原文と詳細な注釈を付して出版したのは、私の『支倉六右衛門常長「慶長遣欧使節」研究史料集成』第1巻（2010年3月）が初めてである。ちなみに、明治時代から現在までに刊行された主な日本語訳本は次のとおりである。

＊坪井九馬三『日本奥州国伊達政宗記兼使節紀行』、宮城県史編纂委員会刊、明治34年（ガリ版印刷）

＊村上直次郎編『大日本史料』第十二編之十二（東京帝国大学史料編纂掛、明治42年）【第4章〜第5章、第10章〜第12章、第14章〜第31章】

＊大田正雄「支倉六右衛門の事並にアマティーが奥州記」『えすぱにあ・ぽるとがる記』所収、岩波書店、昭和4年8月刊

＊『仙台市史』第1章アマティー著『伊達政宗遣欧使節記』全訳、（邦訳：石鍋真澄・石鍋真理子・平田隆一共訳）2010年3月、28〜98頁

＊大泉光一訳「S. アマティー著・伊達政宗遣欧使節記」拙編著『支倉六右

衛門常長「慶長遣欧使節」研究史料集成』第1巻、所収、雄山閣、2010年3月、45頁〜189頁

8 ジャチント・ジッリ著、石鍋真澄訳「ローマ日記」『市史せんだい』VOL.13 所収（仙台市博物館、2003年7月、87〜96頁）／『仙台市史』187号（268頁）

ジャチント・ジッリ（Giacinto Gigli）（1594〜1671）の"Diario Romano"（「ローマ日記」）に掲載されている伝聞による慶長遣欧使節に関する記述内容を原文史料と突き合わせてみると明らかに史実と異なっている。日本語訳の主な誤謬箇所は次のとおりである（太字部分は私が訂正したものである）。

① Venuto dall'Indie（インドから来た）……日本から来た

② Fratello del Re de Giapone（日本国王の兄弟）……日本奥州王の家臣

③ doIl quale serviva per interprete（ソテロは通訳を務めていた）……ソテロは通訳も兼ねていたが、正式には支倉と同様伊達政宗派遣の正式な大使。

④ solo nove giunsero vivi, el con lui erano dieci（生還してローマにたどり着いたのは9人だけで、大使を含めて一行は10人であった）……A.S.V. 所蔵の公式記録書「（使節一行の）ローマ入市式（Relatione）」によると、ローマまで辿り着いた日本人は支倉大使を含めて16名であった。

⑤ et si era battezzato in Hispagna dal Ré Filippo Ⅲ.（スペイン国王フェリッペ3世によって受洗していた）……支倉の受洗式はスペイン国王フェリッペ3世の列席の下で挙行された。

⑥ chiamandolo Francesco Felipe d'Austria（フランチェスコ・フィリッポ・ダウストリアと名づけられた）……支倉の霊名は、国王フェリッペ3世と代父のフランシスコ・ゴメス・デ・サンドバル・イ・ロハス（レルマ公爵）の2人の霊名から「フェリッペ・フランシスコ」と名づけられた。

⑦ Li altri erano loro Christiani（他の者たちはまだキリスト教徒ではなかった）……ローマまで辿り着いた大半の日本人随行員は日本国内、メキシコ、スペインなどで受洗し、すでにキリスト教徒であった。

⑧ da uno poi, il quale su battezzato in Roma a S.Giovanni Lateranoperper le mani del Card Borghese.（後に一人［筆者註：小寺池〔又は小平〕外

記〕はローマのサン・ジョヴァンニ・〈イン・〉ラテラノ大聖堂でボルゲーゼ枢機卿の手で洗礼を授けられた)……**小寺池(又は小平)外記の受洗式には、ボルゲーゼ枢機卿は代父として出席し、ビッグ枢機卿の副責任者フェデリース司教が司式した。**

⑨ Chiamandoi Paolo Camillo Borghese(パオロ・カミロ・ボルゲーゼと名づけられた)……小寺池または小平の霊名は、パオロ・カミロ・シピオーネ(Paolo Camillo Scipione)である。

⑩ Stettero in Roma sino alli 9 Di Gennaro seguente del anno 1616(1616年1月9日までローマに滞在した)……**ヴァティカン図書館所蔵の公式文書によると、使節一行は、1616年1月7日にチヴィタヴェキアへ向けてローマを出発し帰国の途についた。**

　成城大学教授石鍋真澄氏は、上記論文で「(日記には)若干の誤りもあるが、全体として非常に正確である。ジッリの性格、また彼の日記の史料としての価値を示しているといえるだろう」と述べている。石鍋氏は、「ジッリの日記」を読んで「全体として非常に正確である」と評価しているが、若干どころか多くの重大な誤謬がある。したがって、「ジッリの日記」は、使節の動向を直接記録した日記ではなく、第三者からの伝聞によって書かれたものであり、内容に多くの誤謬が散見され、客観的な歴史史料としてまったく価値はないと言える。

9　その他史料

1) イエズス会士ジェロニモ・デ・アンジェリス書簡

　イエズス会士ジェロニモ・デ・アンジェリス(Jeronimo de Angelis：1568～1623)師の古典ポルトガル語表記の5通の書簡の史料的価値(Documentos dos Jesuitas no Japao, provenientes de Roma, Archivium Romanum Societatis Iesu, Jap. Sin 34, Documento No.15, 1620, イエズス会本部文書館蔵)

　〈大泉光一編著『支倉六右衛門常長「慶長遣欧使節」研究史料集成』第1巻、193～252頁〈翻刻文および巻末に手稿原文書付〉および拙著『支倉六右衛門常長―慶長遣欧使節を巡る学際的研究―』文眞堂、1998年〉。

　アンジェリス書簡はイエズス会とフランシスコ会が対立していて、使節派

第 1 章　慶長遣欧使節研究に不可欠な要件とは

遣やルイス・ソテロに関して悪意で書かれたものなので信用がおけないとか、同書簡の位置づけ、信憑性が問題であるという指摘がある。しかしながら、これら 5 通の書簡に記述されている内容は政宗に重用された奥州見分（現在の岩手県水沢市）のキリシタン領主後藤寿庵から伝聞したものであるが、日本側の史料とも合致している。昭和 60（1985）年 1 月に仙台市博物館で発見された伊達政宗の自筆の書状の中に支倉六右衛門が「処刑人の息子である」という記述があり、同様の記述がアンジェリス書簡にもあり、日本側の史料と符合していてその正確さが証明されている。また、「使節派遣の目的および性格」「伊達政宗のキリスト教信仰に対する真意」、「支倉六右衛門大使の実際の身分」などに関するローマ・イエズス会本部からの問い合わせに対し、アンジェリスは日本側の史料と符合する正確な内容の返事をしている。

　さらに、政宗がローマ教皇に宛てた親書に「自分（政宗）もキリスト教徒になりたいと思っているが、今のところそれができない……」と書いているが、アンジェリス書簡にも同様のことが書かれているのは、アンジェリス師が使節派遣の担当者であった後藤寿庵から情報を入手していたからである。

　アンジェリス書簡は、イエズス会総長に宛てた機密に属する私信であり、アンジェリスは何ら真実を歪曲したり、感情的になって不要なことを書く必要はなかったのである。いずれにせよ、5 通のアンジェリス書簡は、慶長遣欧使節のローマ派遣目的の真相を知るうえで絶対に欠かせない第一級の史料である。

　ところで、J.アンジェリス師は、1568 年にイタリアのシシリー島のエンナに生まれ、18 歳の時イエズス会に入会し、1599 年ポルトガルのリスボンで司祭に叙階されて、1602（慶長 7）年 7 月に来日した。有馬で一年間日本語を学習し、10 年間、伏見の修道院長として布教活動に従事した。その後、駿府や江戸でイエズス会の布教所を設置し、1613 年に江戸で地所購入について交渉するなどの役割を果たしている。1614 年の伴天連追放令の際は日本に残り、1615 年後藤寿庵に招かれて仙台へ行った。その後寿庵の仙台屋敷や彼の知行地見分（現在の岩手県水沢市）を根拠に毎年津軽、米沢、佐渡など東北地方を巡回し、1618 年には宣教師として初めて蝦夷へ渡った。1621 年に蝦夷を再訪したが、その目的は、松前藩内のキリシタンを世話すると同時に、アイヌ人伝導の可能性、またヨーロッパとの連絡のため新しい

北方ルートの開拓について調査するためであった。同年管区長の命令で書いた「蝦夷報告（Relação do Reino de Yezo）」は各国語に翻訳され、ヨーロッパにおいては江戸時代を通じて、北海道に関する主要な史料となった。1621年末から1622年の春にかけて江戸へ移って竹屋権七の屋敷に潜伏していたが、1623年10月に逮捕され、同年12月4日に江戸の札の辻（浄土宗智福寺境内）で50人のキリシタンとともに火刑に処せられて殉教した。

2)「訪欧使節団」一行のローマ訪問目的を知る手掛りとなる2通の日本語書翰の史料価値

①「ローマ教皇パウルス5世宛畿内キリシタン連署状」、慶長18年8月15日（1613年9月29日）付（ヴァティカン機密文書館所蔵：A.S.V.,A.A.ARMI XVIII, 1838)

②「ローマ教皇パウルス5世宛日本のキリスト教徒書翰」1613年10月1日（慶長18年8月17日）付（ヴァティカン機密文書館所蔵：A.S.V.,A.A, ARM1-XVIII, 1838, Arm. No.27）

1615年11月25日午後、ルイス・ソテロ神父は、訪欧使節団の随行員のうち、フランシスコ会第3会員（信心会＝勢数多講）で日本のキリスト教界の代表者のトマス・瀧野嘉兵衛、ペドロ・伊丹宋味、フランシスコ・野間半兵衛の3名を伴って教皇パウルス5世に個別に謁見した。彼らは教皇の御足に口づけしたあと、日本において信徒が急増し聖職者が不足していることや幕府のキリシタン弾圧によって殉教者が出ていることなど、日本のキリスト教界の状況を詳しく述べ、上記①およびラテン語訳を添えた②の2通の書簡を奉呈した。

まず①の「畿内キリシタン連署状」では、日本におけるキリスト教界の動向について客観的に解説している。また政宗について、「日本において最も有力な大名であり、優れた才覚を有していて、日本の統治者（将軍）になると世間で噂されている政宗は、今よりのち、ずっと（日本の）キリシタンの力になってくれると申しております（已来までの切子旦之たよりとなり可申候）」と述べている。さらに、同書簡では、「……（日本のキリスト教界が）政宗を頼ることは日本におけるキリスト教界の繁栄に結び付くことである」と、政宗が日本のキリスト教界の力（支援者）になることを力説していることか

ら、ソテロ神父の個人的な策略ではなく、本書簡に書かれているすべての内容について政宗自身も了解していたと考えるのが妥当である。それ故に本書簡は、政宗と日本のキリスト教界の緊密な関係を証左する貴重な第一級史料と評価される。

次に②のソテロとイグナシオ・デ・ヘススらによってラテン語に翻訳された「日本のキリスト教徒書簡」は、前述の「畿内キリシタン連署状」とほぼ同様の内容であるが、支倉六右衛門とローマ教皇の許に派遣された前述の日本のキリスト教界の代表者3名が伊達政宗によって正式に派遣されたことと、その派遣目的について記されている。

本書簡からは、「訪欧使節団」の支倉に次ぐ主要随行員としてスペイン政府や教皇庁側から特別に優遇され、特に、ローマでは支倉同様に氏名には貴族の敬称の"DON"が付けられ、ローマ市議会から「ローマ市市民権証書」を授与された3名のうち、瀧野と野間が太閤秀吉によって長崎で殉教を遂げた「日本26聖人」ゆかりの出身者であったことが分かる貴重な史料である。言うまでもないことであるが、これら2通の書簡は、当時の日本におけるキリスト教界の動静や訪欧使節団のローマ訪問目的などを知ることができる第一級史料である。

3)「訪欧使節団」がローマ教皇に請願したすべての事柄に対する回答文書（ヴァティカン機密文書館所蔵：A.S.V.,Fondo Borghese, Serie IV, No.63, Lettere dicerse, 1615）
―伊達政宗がローマ教皇庁へ使節を派遣した目的を知る証左になる重要な公文書―

このローマ教皇庁の回答文書の第4項目の「政宗の伊達藩内における「キリスト教徒の王」の叙任について」の認証については既述したとおりである。この請願内容に関してはイエズス会側の史料（Para ver P.P.Morejon y el P. Francisco Otazo de la Companhia de JHS. México〈仙台市博物館所蔵のルイス・ソテロ関係文書〉）でも確認することができる。また、使節団に課されたもう一つの重要な教皇聖下への請願事項は、伊達政宗に対する司教の任命権の認証と伊達藩内に「キリスト教徒の騎士団」を創設することであった。この請願について教皇は、「（伊達政宗が）キリスト教徒になった時、また教会を寄

贈したならば、彼の功績を考慮して、これについて協議される」と回答している。この回答文書から政宗は「訪欧使節団」を通してローマ教皇に対し、仙台領内に匿われているキリスト教徒による騎士団を創設することを認証してもらうことを真剣に考えていたことが分かる第一級の史料である。

このような計画が闇に進められていたことは、ルイス・ソテロ神父が1618年2月4日付メキシコ発信でスペイン宰相レルマ公とインディアス顧問会議議長に宛てた書簡（A.G.I., México, 299）にも述べられていることである。

上記以外の請願事項に対する主な回答内容としては、まず、「宣教師の派遣要請」については、「（フランシスコ会の）修道士たちは好都合な権利をもって派遣されなければならない」と、日本への宣教師派遣を承認し、スペイン駐在の教皇大使と国王陛下と協議するように指示した。また（日本へ派遣する）修道士の人数と人物については教皇大使とインディアスの遣外管区長と交渉するように指示したのである。次に、（東日本の）司教の任命については、使節団は満足した回答を得られることを示唆した。しかし、この用件のために恩恵と援助を獲得できるようにスペイン国王とインディアス顧問会議が協議することが必要であると注文をつけた。最終的にこの請願は受け入れられ、ルイス・ソテロ神父が司教に任命されたが、イエズス会側から猛反対があってインディアス顧問会議が反対をしたため、正式な司教叙階式は行われなかった。さらに、使節団の主目的の一つであったスペイン（メキシコ）との直接通商交易実現のための協力要請に対しては、ローマ教皇庁は、「スペイン国王（統治下の）の国々との通商（交易）について国王に対して依頼したことを嘆願するように、マドリードの教皇大使に手紙を書くことにする」と、簡単に回答したにすぎず、マドリードでも何も進展せず、結局、不発に終わってしまったのである。

このように政宗のローマへの使節派遣の目的の全貌を知ることが出来るこの「回答文書」の原本は、教皇庁から「訪欧使節団」に手渡されたはずであるが、現存していない。したがって、現在「ヴァティカン機密文書館（A.S.V.）」に所蔵されている文書は原本とまったく同じ内容の下書きである。この「回答文書」は、ローマ教皇パウルス5世の承認の下にローマ教皇庁が作成した公文書である。ここに記述されているすべての事柄に偽りはなく、100％真実のことが書かれているのである。

結びに代えて

　以上、私の半世紀にわたる支倉六右衛門常長・慶長遣欧使節の研究で利用した主な海外史料の史料批判について述べてきた。私は海外で自分の足で採録した膨大な使節関係の原文史料を自らの力で翻刻および翻訳を行い、そしてそれらの史料について時間をかけて丁寧に解読し、厳格な史料批判を行って研究を進めてきた。その結果については本書でも諄(くど)いくらい繰り返し述べてきたが、当該使節は、メキシコとの直接通商交易の開始を目的とした幕府と政宗との合同編成による「訪墨使節団」と仙台藩にキリシタン帝国を建設し、政宗が当時30万人いたといわれるキリスト教徒の王となり、キリスト教徒の騎士団を創設して討幕するために必要な、（フランシスコ修道会所属の）宣教師の派遣要請の他、ルイス・ソテロの司教叙階、政宗のキリスト教徒の王の叙任、そしてキリスト教徒の騎士団の創設の認証などを求めて、スペイン国王及びローマ教皇の許に派遣した伊達藩単独編成による極秘の宗教使節団（訪欧使節団）の二つのグループがあったことが判明した。つまり、政宗は幕府との共同によるメキシコとの通商交易開始の交渉の裏で、キリスト教徒を利用して極秘に討幕計画を進めていたのである。

　私のこうした討幕説に対し、宮城県や仙台市博物館、東北大学の関係者などは荒唐無稽な説だと猛反発している。今でも宮城県人の多くが藩祖伊達政宗への敬仰主義者であることから考えれば、当然のことであると思う。私自身も生まれは長野県であるが、幼い時から地元に近い角田高等学校を卒業するまで支倉の伝承墓がある宮城県柴田郡川崎町の近くの柴田郡大河原町で過ごした宮城県人であり、郷土愛も持ち合わせている。私の既刊書で何度も繰り返し述べたが、もともと私は、郷土出身の支倉六右衛門常長の生き様に共感して彼から百折不撓（不撓不屈）の精神を学ぶために研究を始めたのである。最初から討幕説を立証するために彼の歴史を追った訳ではない。半世紀の間大量の海外原史料を解読していった過程において、私は異教徒であった伊達政宗が徳川幕府のキリシタン禁令下において、ローマ教皇パウルス5世の許に公然と使節団を派遣し、「服従と忠誠」を誓ったことに対し、大きな疑問を抱くようになったのである。特に、スペインやローマに残されている

大量の史料を評価選別した結果から、ヨーロッパにおける支倉使節団は「通商交易使節団」ではなく「宗教使節団」であったことを突き止めたのである。そして、長年の研究の最終結論として「討幕説」を打ち出したのである。

　こうした私の半世紀にわたる研究に対し、東京大学名誉教授五野井隆史氏は、自著書『日本キリシタン史の研究』（吉川弘文館刊、2002年、15頁）の中で、「（大泉の研究は）史料そのものについての全体的理解が欠けているようである」と、厳しく指摘している。しかし前述したように、私は半世紀の間に使節関係のほとんどの海外原文史料に直接目を通してきており、それぞれの史料の価値や信憑性について全体的に理解してきたつもりである。改めて言うまでもないが、いかなる歴史研究者でもまず原史料の所在地に直接足を運び、原史料そのものについての調査のみならず史料の来歴や素材などにかかわる史料調査を行う必要がある。五野井氏の場合、自著書『支倉常長』（吉川弘文館刊）では、自分の足で海外のメキシコ、スペイン（マドリード、セビィリャ、バリャドリード等）、イタリア（ローマ、ヴァティカン、ジェノヴァ、サボナ等）、フランス（サン・トロペ、パリ）の文書館に出向き、直接採録した一次史料の使用はほとんど皆無に等しいのである。同書で使用した史料の大半は原文書からの誤写・省略などが多く散見される『大日本史料』第十二編之十二から孫引きした第二次的史料と他の研究者の著書から引用して書かれている。

参考文献

Fernando J. De Lasala, S.I. *"Compendio di Storia della Scrittura Latina, Paleografia Latina"*, Ad uso degli studenti, Pontificia Universita Gregoriana, Facoltá di Storia e Beni Culturali della Chiesa, Roma, Ottobre, 2010

A. Petrucci, *Lezioni di Storia della scrittura latina. Corso istituzionale di Paleografia*, Univ. Deghi Studi di Roma, Fac. Di Lett. E Filosofia, anno accadèmico 1975-76 dattilografato, p.1

Juan José Marcos, *Fuentes para Paleografía Latina, Manual de Usuario*, 3ª edición, Alphabetum Unicode, Polasencia.(Cáceres), España, Marzo 8, 2011

Daniel Odon Hurel *"Eruditton et commerce épistolaire, Jean Mabillon et la tradition monastique, Librairie philosophique"*, J.Vrin,coll,e Textes et

traditions, 2003
Blandine Knegel "La querelle Mabillon Rancé", Promeneur, 1992
Archivo General de Indias "La Embajada de Hasekura (1613-1620)", Comisarias de la exposición, Sevilla, España, 14 Junio-15 agosto 2013
Marcos Fernández Gómez "La Misión Keicho(1613 1620)´Cipan. Una Embajada Japonesa en la Sevilla del siglo XVII", Stud. his., H. Mod.,20. Universidad de Salamanca, 2013, pp. 269-295
Valencia Japón "V. De Japón a Roma pasando por Coria. 1614-1620", Azotea, 6-7, Coria del Rio (Sevilla), 1990, pp.45-66
José Miguel López Villalba, "Normas españolas para la transcripción y edición de colecciones diplomáticas", Espacio ,Tiempo y Forma, Serie III, H.a Medieval,t.11,1998, págs. 285-306
Garcia Villada, Zacarias "Metodologia y critica historicas", Barcelona, Ed.El Albir, 1977. Cap.XVIII, pp.301-309
石鍋真澄「ジャチント・ジッリ『ローマ日記』」『市史　せんだい』VOL.13、仙台市博物館、87〜96頁。
大泉光一『メキシコの大地に消えた侍たち―伊達藩士・福地蔵人とその一族の盛衰―』新人物往来社、2004年
大泉光一『伊達政宗の密使―慶長遣欧使節団の隠された使命―』洋泉社、2010年
大泉光一『支倉六右衛門常長「慶長遣欧使節」研究史料集成』第1巻、雄山閣、2010年
大泉光一『支倉六右衛門常長「慶長遣欧使節」研究史料集成』第2巻、雄山閣、2013年
大泉光一『キリシタン将軍　伊達政宗』柏書房、2013年9月
José Koichi Oizumi, Juan Gil "Historia de la Embajada de Idate Masamune al Papa Paulo V（1613-1620）"（『伊達政宗がローマ教皇パウロ5世に遣わした使節史』）Doce calles, 2012
太田尚樹著『ヨーロッパに消えたサムライたち』角川書店、1999年
五野井隆史『日本キリシタン史の研究』吉川弘文館、2002年
五野井隆史『支倉常長』吉川弘文館、2003年
鈴木かほる『徳川家康のスペイン外交―向井将監と三浦按針―』新人物往来社、2010年
仙台市史編さん委員会『仙台市史・特別編8、慶長遣欧使節』仙台市、2010年
村上直次郎編『大日本史料』第十二編之十二、東京帝国大学史料編纂所、明治42年

第2章　歪曲・捏造された慶長遣欧使節記
―客観的な証左のない謬説を糺す―

1　「ハポン（日本）姓」スペイン人の末裔説について
―ハポン姓スペイン人は使節の末裔ではない論拠―

　支倉ら使節一行がスペインのバラメダ港に到着し1614年10月にセビィリャから約15km南に位置する漁港コリア・デル・リオに上陸した。この小さな町に現在ハポン（スペイン語で「日本」）という姓を名乗る700名もの人々が暮らしている。慶長遣欧使節の子孫たちであると伝えられているのである。このハポン姓の由来などを中心にまとめて出版されたのが東海大学名誉教授大田尚樹氏の著書『支倉常長遣欧使節　もうひとつの遺産―その旅路と日本姓スペイン人たち―』（山川出版社、2013年）である。ただ、残念なのは、労作にもかかわらず、同書は後半部分のコリア・デル・リオの「日本姓」に関してなど、客観的な史料に基づいたものではなく、ほとんどが憶測で書かれていることである。太田尚樹氏のご研究に敬意を表しつつも、同書の中で明確に史実とまったく異なる個所と、黙認しかねる重大な誤謬個所について述べさせてもらい、それらを客観的な史料に基づいて訂正し、真実を読者に伝えることにする。これは単なる表現上の疑問点などというものではなく、ひとえに支倉六右衛門という人物と慶長遣欧使節に関しての歴史上の事実を明確化する上で核心をなす要衝点であるので、痴がましいようであるが、太田氏のご所見に異を唱え、その不正確性を率直に指摘させていただく次第である。もとより学問の純粋性に立ってのことであって、それ以上の他意はないのでご承知いただきたい。

大田尚樹氏の著書『支倉常長遣欧使節　もうひとつの遺産』
　①【同書、21頁12行目〜22頁1行目】
「しかし、幕府はキリスト教を禁止した以上、ソテロを使うことはできなくなった。それに、ソテロは政宗側になってしまった人間である。結局、残された方法は、幕府の隠密をヨーロッパへ送ることしかなかった。……」と

あるが、ソテロが家康の使節としてスペイン国王の許に派遣することを取り止めたのは、1609年に日本へ漂流したロドリゴ・ビベロ前フィリピン臨時総督の反対でムニョス神父に替えられてしまったためである。太田氏は、ここで「幕府の隠密……」と、記述しているがそのような史実はどこにも見当たらないので、同氏の憶測に過ぎない。

　②【同書、39頁13～14行目、15～16行目】

「喧噪と混乱のなかで遂に一人の随員が刀を抜き、刃傷沙汰が起きた。船荷を降ろす際、現地人が掠奪しようとしたために起きたトラブルだったらしい」と、あるが、使節一行がメキシコのアカプルコ港で日本人と現地人の間で言語の障害などが原因で小競合いはあったが、「一人の随員が刀を抜き、刃傷沙汰が起きた」というような史料は存在しない。ちなみに、アカプルコ港での衝突の詳細については「副王グアダルカサール侯がアントニオ・モルガ博士に宛てた書簡」(A.G.I., México 28. 3n.17A.) を参照頂きたい。また、同頁15行目～16行目の「刃傷沙汰を起こした侍は誰かとなると、最も可能性が高いのは仙台藩士ではない瀧野嘉兵衛である。幕府側の船荷もあったから、彼にはそれを護らなければならない任務があったと考えられるからである」は、史料に基づかない記述である。ちなみに、太田氏は　瀧野嘉兵衛が何処の出身者で、どのような役割を担って使節団に加わり、ローマまで支倉に随行したのか何も知らずに、憶測で書いているに過ぎない（詳細な瀧野嘉兵衛の出目等については拙著『伊達政宗の密使』〈洋泉社、191～196頁〉及び『キリシタン将軍伊達政宗』〈柏書房、173～175頁〉を参照されたい）。

　③【同書、40頁4～6行目】

「メキシコの荒野を行く日本からの一行がイスパニア国王やローマ法王に献上する"金銀財宝"を運んでいるという噂がしきりに流れ、襲撃されるのではないかという空気を街道筋で察知したのだと思われる」と、記述しているが、このような噂が流れたという歴史事実はなく憶測で書かれている。また、使節一行がスペインやローマに持参した贈答品は、スペインやヴァティカンに残されている文書（ローマ教皇パウルス5世がボルゲーゼ枢機卿に宛てた書簡〈A.S.V., Fondo Borghese Serie1.27〉など）によると、**主に刀剣や家具類などであり、金銀財宝などの記述はない。**

　④【同書、43頁6～7行目】

「ノビスパニア総督府であった。……総督（副王）グアダルカサル公に面会し、……」と記述しているが、明らかに誤謬である。当時のスペイン植民地統治機構は、国王の直轄領として「ヌエバ・エスパニアおよびペルー副王領（Virreinato）副王（Virrey）」があり、副王直轄領の統治下に「総督領（Gobernación）総督（Gobernador）」があった。その下に行政区の末端の官僚として郡奉行（Alcaldía Mayor）と代官（Corregidor）がいた。したがって、「総督」と「副王」は同じ役職ではない。また副王グアダルカサールは、「公爵」ではなく「侯爵」である。

⑤【同書、43頁9行目】

スペインの植民地時代にフランシスコ修道会の役職に「ノビスパニア総長直属管区長」という名称は存在せず、「インディアス遣外管区長（Comisario General）」の誤りである。

参考までに述べるが、当時の修道会のスペイン語による肩書名と邦訳は下記のとおりである。

Comisario Visitador（巡察管区長）、Comisario de asistencia（兼任遣外管区長補佐）、Picario Provincial（管区長代理）、Plerado Ordinario（管轄司教）、Guardianes（修道院長）、Predicador General（総長直属説教師）。

⑥【同書、44頁15〜18行目】

「メヒコでの交渉の成り行き次第で日本人を大勢送り込むつもりでいた政宗の腹積もりがここで見えてくる。そのためにあらかじめ、仙台藩から一二人の侍を支倉につけていたのであろう」とあるが、ヴァティカン機密文書館（A.S.V., Serie di Borghese）所蔵の「使節一行のローマ入市式報告書」（Relatione della Solenne entrata fatta in Roma da D. Filippo Francesco Faxicvra,……）によると、入市式に参加したのは16名であったが、スペイン側に史料によると、ローマまで行った「訪欧使節団」の日本人随行員数は、支倉を加えて総勢29名であった。したがって、「あらかじめ仙台藩から12人の侍を支倉につけていた」という根拠は存在せず、憶測に過ぎない。

⑦【同書、45頁11行目】

「聖フランシスコ修道院が彼らの宿舎であった」と、あるが、アマティーの『遣欧使節記』などによると、支倉ら主要な随行員は、メキシコ市においてサン・フランシスコ教会の真向いにある「Casa de Azlejos（青いタイルの家）」

に宿泊し、残りの随行員はフランシスコ会修道院に宿をとったのである。
　⑧【同書、51頁7〜9行目】
　「資料館［筆者註：シマンカス総文書館？］の係員は、私に白い手袋と書状［筆者註：支倉六右衛門がスペイン宰相レルマ公爵とフェリッペ国王に宛てた披露状］を手渡しながら言った。「この書状は日本の天皇陛下のほかには、ごくわずかの研究者しか手に取って見ていませんから、そのつもりで、心して見てください」」と、日本の天皇陛下が古都バリャドリード市近くにあるシマンカス総文書館を公式に訪問し、支倉文書を閲覧したという表現になっている。だが、今上天皇陛下が即位してからスペインを公式訪問したのは、平成6（1994）年10月8日から10月13日までの5日間だが、両陛下が同国滞在中にシマンカス総文書館を訪問したという公式記録は見当たらず、支倉文書を直接閲覧したという事実はない。したがって、文書館の係員が上記のようなことを絶対に言うはずがない。ちなみに、私は数十年前から何度も支倉文書の原本を閲覧しており、近年では2012年2月23日に館長室で閲覧したが、過去に一度も白い手袋の着用を義務づけられたことはなかった。なお、同「支倉文書」はスペインの重要文化財に指定されているため、原本の閲覧は原則として許可されておらず、特別な場合を除き写しのみに限って一般閲覧できることになっている。
　⑨【同書、56頁3〜4行目】
　「記録によれば、このとき支倉はソテロの通訳で、一人ひとりに「わざわざのお出迎え、かたじけのうござります」と、丁重に礼を述べたそうである」とあるが、本書全体に客観的な史料を示さず、ただ漠然と「記録によれば」という言い回しが非常に目立つ。具体的にどのような史料に基づいてこのようなことを記述したのか分からないが、私が知る限りこのような事実があったという記録を見たことがない。
　⑩【同書、62頁3〜4行目】
　「記録によると、一ヵ月間、この宮殿［筆者註：アルカサール］で支倉常長たちは国王専用の部屋を使用していたとあるから、……」あるが、セビリャ市のアルカサール離宮城代代官ファン・ガリャルド・デ・セスペデスが1614年10月14日付セビリャ発信で国王陛下に宛てた書簡（A.G.S., Estado Español, 256）では、「アルカサール宮殿のいくつかの部屋を大使と主な随行

第Ⅰ部　慶長遣欧使節の実像と虚像

員5、6人に宿舎として提供することにしました」とだけ報告しており、「国王専用の部屋を使用させる」という具体的な記述はない。

⑪【同書、66頁5～11行目】

「私は宮殿内の武器資料館で支倉から国王に手渡されたと思われる、黒焦げになった日本刀を研究員から見せられたことがある。刀に遺された銘を写真に撮り、日本に持ち帰って鑑定してもらったところ、たしかに仙台から行った刀であることは判明していた。……。だが支倉から渡されたとされる兜は無傷のまま保存されていることから、……」とあるが、まず、マドリード王宮（Palacio Real）の王室武具博物館（Museo de la Real Armeria）には、甲冑（陳列番号：E 133, E 134, E135/6）のほか日本刀4振り（G-176、G-177、G-178〈鞘無し〉、G-357）が収蔵されている。これらの武具のうち室町時代～安土桃山時代の甲冑類は、1584年11月、エスコリア宮殿において九州の大名が派遣した天正少年遣欧使節一行がフェリッペ2世に謁見した際に献上したものであると伝えられている。ただ、これらの甲冑のうちE 134の兜が1884年の武器庫の火災に遭っている。

また日本刀4振りのうち、G-177の献上用の刀剣は、1883年に有栖川親王がアルフォンソ12世（Alfonso XII）に寄贈したものである。そのほかの刀剣の由来については不明であり、誰が寄贈したものなのか判明していない。したがって、支倉が国王に伊達政宗からの刀剣を献上したということを100％否定はできないが、残念ながらそれを裏づける確かな記録は存在していない。また仙台から持参した刀剣であるという確かな証拠もない。

⑫【同書、83頁1～2行目】

「……、そして一行の動静をくまなく記録しているアマティも、ローマ法王庁から派遣されている歴史学者であるから……」と記述しているが誤謬である。アマティーの『伊達政宗遣欧使節記』第23章の「どのよ

図17　王宮武具博物館に所蔵されている日本の刀剣類
上段から2段目は献上用の刀剣（G-177）。

うにして大使たちがローマに向けてマドリードを出発したか」によると、「メディナ・デ・リオセコ公爵夫人、ドーニャ・ビクトリア・コロナとモディカ伯爵夫人、そして駐マドリード教皇大使の依頼により、ローマ人シピオーネ・アマティー博士を使節の交渉役と通訳として迎えました」とあることから、アマティーはローマ教皇庁が直接派遣したのではない。

⑬【同書、93頁10～13行目】

「サン・トロペ侯爵夫人の書簡」に「そのほかに今泉令史ら10人ほどの仙台藩士と、ソテロについてきた神尾弥治右衛門や野間半兵衛、そして瀧野嘉兵衛と日本人の通訳モンターニョらは、いくつかのテーブルに分かれて食事をした」と記述しているが、同書簡（Fol. 251R, 251, 252R, C2, Pages et demie〈Relation Troppez〉du Sr. de St.Troppez）の原文にはこのような記述はどこにも見当たらない。ちなみに、**今泉令史は**「訪墨使節団」の主力メンバーであり、松木忠作とともに、メキシコで支倉らと別れて帰国しており、**ローマまで旅をした「訪欧使節団」には加わっていない**。また、前述したが野間半兵衛と瀧野嘉兵衛は、伊達政宗が「訪欧使節団」の主力メンバーとして派遣した日本キリスト教界の代表者である。なお、「日本人の通訳モンターニョ」とあるが、『チマルパインの日記』の「日本の大使エスパニア（本国）に向けて出発」の項によると、フランシスコ・マルティネス・モンターニョ（Francisco Martinez Montaño）はメキシコ生まれのクリオーリョ（現地生まれのスペイン人）であり、日本人ではない。彼はセバスティアン・ビスカイノ司令官に同行して来日した軍人であり、約1年間日本に滞在経験があった。そのため日本語が話せたので副王グアダルカサール侯の推薦で、メキシコから訪欧使節団の日本語通訳として加わった人物である。

⑭【同書、94頁14～15行目】

「随員のなかには見物人を喜ばそうと茶目っ気をだし、わざと鼻をかんで、捨てていた者もいたという」とあるが、このような記述は原文のどこにも見当たらない。ちなみに、「サン・トロペ侯夫人の書簡」にある観察記録をフランス語の原文に従って忠実に翻訳すると、次のようになる。

「彼ら（使節一行）は、中国の絹のような紙のハンカチで洟をかみ、同じハンカチを二度と使用しませんでした。**洟をかめば必ず紙を地上に捨てますので、見物に集まった人々が拾い集めるのを見て面白がっていました**。中でも

宮廷女官が使用する豪華な書簡用便箋のように、縁を飾った大使（支倉）の紙を特に拾おうと大勢の群集がひしめき（押し合い騒ぎ立てる）合いました。」

⑮【同書、116頁4〜8行目】

「……、政宗が求めた要望に対するヴァチカンの反応はにぶいものだった。親書には日本を独立した司教区としてその大司教を任命することや、伊達領内への宣教師の派遣などの要望が記されている。……、これらの要望についてのヴァチカンの態度は<u>検討する</u>」という程度のものだった」とあるが、この記述は間違いである。前にも述べたが、使節一行が文書と口頭によってローマ教皇に請願した事柄に対してローマ教皇庁が「使節が教皇パウルス5世に請願した事柄に対する回答文書」（ヴァティカン機密文書館、Fondo Borghese, Serie IV, No.63, Lettere dicerse, 1615）によって各請願事項に対して、宣教師の派遣やソテロの司教叙階などを認証したり、条件を満たしていないため却下したり、スペイン国王や教皇大使などと再度協議するように指示をしたりしている。したがって、

太田氏の「検討する」というていどのものだったという指摘は間違いである。

⑯【同書、117頁1行目〜4行目】

「法王の側近の最高実力者ボルゲーゼ枢機卿を訪問した。彼は、はじめは一行の到来を快く思っていなかった。ところが支倉の人となり、彼を支えるサムライたちの忠義一徹の作法に接してからは誠心誠意尽くし、ヨーロッパ滞在中を通じてもっとも使節一行の世話をしてくれた人である」とあるが、ここに記されていることはすべて太田氏の憶測で書かれたものである。まず、ボルゲーゼ枢機卿は教皇の側近というよりは教皇パウルス5世の実姉の息子で甥である。ちなみに、使節一行がボルゲーゼ枢機卿を表敬訪問した際の記録（アマティーの『遣欧使節記』第27章）には、次にように記されている。

「（ボルゲーゼ枢機卿）猊下は我らの聖なる信仰がこれほど遠く離れた王国に根付き、キリシタン王として教皇座に服従したことを知って非常に喜び、使節が交渉で良い成果をもたらすように我らの主と共に努力することを約束された」と、ボルゲーゼ枢機卿は、最初から使節に対し好意的であり、太田氏の記述は誤りである。また、「支倉の人となり……」という記述も太田氏の憶測に過ぎない。

⑰【同書、117頁9～13行目】

「1990年代のはじめ、そこには法王庁お抱えの絵師クロード・ドゥルエが描いた、例の白絹が基調の陣羽織を羽織った支倉常長の全身画があった。しかしその後、所蔵されている場所は定かでなくなってしまった。あの立ち姿の肖像画は法王庁側から求められ、支倉自らカンヴァスの前に立って油絵のモデルになったもので、写真技術のなかった当時は、外国から来た使節を法王庁の絵師に描かせ、保存しておく……」とあるが、まず、ローマにある「日本人武士像」(通称支倉常長全身像)の肖像画の制作者は、クロード・ドゥルエではなく、アルキータ・リッチである。また、この全身像は法王(教皇)庁側から求められたのではなく、ボルゲーゼ枢機卿がアルキータ・リッチに依頼して描かせたものである。この全身像の日本人が支倉となっているが、私の長年の研究で支倉ではなく、彼の秘書官だった小寺池(又は小平)外記であることが判明している。この件に関しては後で詳細を述べることにする。

⑱【同書、122頁13～14行目】

「ローマからイスパニアに戻った支倉一行は帰国までの二年数ヵ月、国王フェリペ三世からの返信を待って、セビリア郊外のロレートの修道院とコリアに分散して過ごした」と断定して述べているが、使節一行は、1616年3月下旬にジェノバからマドリード市郊外のシエラ・ゴルタ地区のフランシスコ修道会系のサン・ペドロ教会に辿り着いた。使節一行は同教会には同年5月中旬頃まで滞在し、スペイン政府の事実上の国外退去命令に従って1616年5月に20人の日本人随行員がセビィリャを出港し、メキシコに戻った。支倉とソテロと残りの日本人随行員5人は、約1年間セビィリャ市郊外のフランシスコ修道会のロレート修道院に留まったが、1617年7月に支倉ら全員がセビィリャを発ち、メキシコへ戻ったのである。したがって、ロレート修道院に留まったのは支倉、ソテロ以外に5人の随行員だけであり、2年数ヶ月の間全員ロレート修道院で過ごし、コリア・デル・リオで分散して生活をしたという記述は憶測に過ぎない。

⑲【同書、160頁11行目～161頁1行目】

「ちなみにこの日本人モンターニョは、名前からして、山崎か山本か、とにかく「山」が付く苗字だったと思われる。一行と一緒に日本を発った人物ではなく、ルソンからメヒコに渡り、そこから一行の通訳として同行したと

第Ⅰ部　慶長遣欧使節の実像と虚像

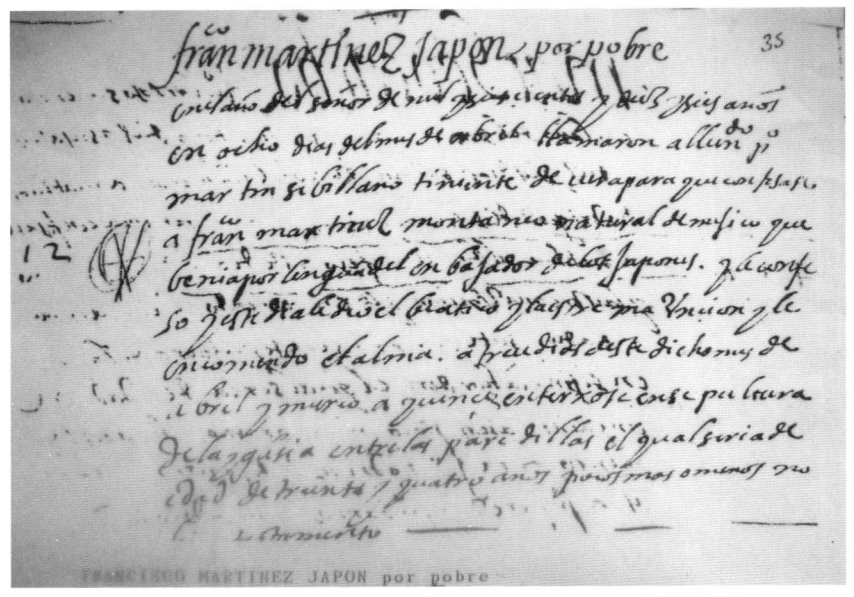

図18　フランシスコ・マルティネス・モンターニョの「死者台帳」
（マドリード市サン・ペドロ教会所蔵）

考えられる。彼は支倉たちがマドリッドを離れてから二ヵ月半後の七月十五日に、死亡している」

　使節の日本語通訳フランシスコ・マルティネス・モンターニョ（ハポン）については前述⑬で解説済みであるが、彼は日本人ではなくメキシコ生まれのスペイン人であった（チマルパインの日記）。それにしても太田氏は彼の母方の苗字"モンターニョ（Montaño）（固有名詞）"をスペイン語の女性名詞"Montaña（山の意）"と勘違いして認識し、日本語訳の「山」が付く苗字であると判断したようである。とんでもない誤謬である。また図18に示したマドリード市サン・ペドロ教会所蔵の難解な手書きのスペイン語で書かれた死亡および埋葬が記録されている「死者台帳」によると、「F. Martinez Montañoは、貧困（栄養失調）のため1616年4月15日に死亡した」と記録されている。太田氏も「死者台帳」を直接検分したということだが、手書きの難解なスペイン語を誤読してしまっている。ちなみに、「死者台帳」に記されているモンターニョ（別名ハポン）に関する翻刻文および邦訳については拙著『支倉常長』（中公新書、1999年、81頁）および『支倉六右衛門常長─

128

慶長遣欧使節の学際的研究―』（文眞堂、1999 年）を参照されたい。

⑳【同書、162 頁 10 ～ 14 行目】

「そうすると、七人の侍姿の一団の後からやってくる「身分が高い侍四人」の一人に名を連ねる小寺外記は、この時期まだ受洗していなかったにもかかわらずなぜパレードに参加できたのだろうか。それはおそらく、パレードの後にボルゲーゼ枢機卿に教父になってもらい、盛大な洗礼の儀式を受けることになるので、それを条件に参加を認められたと考えることができよう」と、記述しているが、小寺池（小平）外記の受洗記録（ローマ市の Archivio Storico del Vicariato 所蔵）には、「1615 年 11 月 15 日、日本人パウロ・カミルロ、元の名前ドン・アロンソ・ゲキが当大聖堂においてシピオーネ・ボルゲーゼ枢機卿の立ち合いのもとで洗礼を受けた」とあるので、小寺池（又は小平）外記は、既に日本かメキシコで受洗して「アロンソ（Alonso）」という霊名を持っていたのである。極めて異例なことであったが外記が 2 度目の受洗式を行ったのは、教皇庁側がプロテスタントに対抗するため、東洋から来た使節というプロパガンダに利用したからである。

㉑【同書、167 頁 9 行目～ 14 行目】

「……、この瀧野は仙台藩士ではなかった。帰属社会名はわからないが山城の国（京）の武士で、支倉の護衛隊長を務めたほどだから、よほど腕の立つ男だったのだろう。しかもローマ市公民権証書を戴いた五人の日本人の一人であったことは、護衛隊長という重責に対する恩賞とみられる。私が推測するに、モンターニョとともに瀧野は幕府から、支倉らを監視するために密かに送り込まれた人間ではなかっただろうか。……」とすべて史料に基づかない太田氏の憶測で書かれている。まず、瀧野の出目に関しては、すでに述べたとおりである。瀧野がローマ市議会から「ローマ市市民権証書」を授与されたのは、日本のキリスト教徒の代表として貴族に列せられローマ教皇聖下に特別に謁見したからである。太田氏は、「瀧野がモンターニョとともに支倉を監視するために幕府が送った隠密である」などと、史実に基づかない小説の世界を描いているので論外と言える。

㉒【同書、169 頁 4 行目～ 9 行目】

「私の最終的な結論をいえば、「日本に帰らなかった可能性が高い」この一一人のうち、「コリア・デル・リオに残留した可能性が高い」のは八人で

第Ⅰ部　慶長遣欧使節の実像と虚像

あろうというものである。それはスペインとメキシコの史料から導きだされる現地残留者九人のうち、瀧野を除いた八人がコリア・デル・リオに残ったと考えるのが自然と思われるからである」と記述されているが、まず、太田氏は、スペインとメキシコの史料から現地残留者9人のうち8人がコリア・デル・リオに残留したと判断している。しかしながら、スペインおよびメキシコ側の客観的な史料名を明記していないのでこの言い分を信用することはできない。私の知る限り、そのような客観的な史料が存在するはずがない。それでも太田氏が自説を強調するならば、歴史研究の基本中の基本とも言えるそれらの史料名、史料の所蔵機関名、書架番号等を提示し、第三者がいつでも確認できるようにすべきである。

　私が客観的な史料に基づいて確認したところ、太田説はあくまでも憶測に過ぎないことが分かる。インディアス総文書館に所蔵されている1616年5月18日付の「フライ・ルイス・ソテロの備忘録（Memorial de Fray Luis Sotelo）」には、

"Fray Luis Sotelo solicita licencia de embarque para él, para el embajador del Rey de Bojú, los 28 japoneses que les acompañan y dos frailes. El Consejo la concedió el 18 de mayo de 1616 e incluso se le libraron 3,300 ducados para gastos del viaje. Pero la flota que partió de Sevilla hacia Nueva España en dicho año sólo embarcó a veinte japoneses acompañados de dos franciscanos, fray Francisco de San Martín y fray Juan de la Cruz. El padre Sotelo y el Embajador Hasekura alegando enfermedad se retiraron al Convento de Nuestra Señora de Loreto en Espartinas (Sevilla)." (A.G.I., Indiferente 1442)

「フライ・ルイス・ソテロは、奥州王の大使と彼に随行している28名の日本人と2名のフランシスコ会修道士のための乗船許可を申請した。（インディアス）顧問会議は、1616年5月18日付でこれを承認し、旅費として3,300ドゥカドを支払った。しかしながら、船団には20名の日本人にフライ・フランシスコ・デ・サン・マルティンとフライ・ファン・デ・ラ・クルスの2人のフランシスコ会修道士が同伴して乗船させて同年ヌエバ・エスパニアへ向けてセビィリャを出港した。ソテロ神父と支倉大使は病に冒され、ロレート修道院に退却したことを申し伝えた」とある。

130

第 2 章　歪曲・捏造された慶長遣欧使節記

　ローマからスペインへ戻った支倉に随行していた人数は、日本人 28 名とフランシスコ会修道士 2 名の合計 30 名であった。そして、1616 年 5 月 18 のスペイン艦隊でヌエバ・エスパニア（メキシコ）へ戻ったのは日本人 20 名と修道士 2 名の合計 22 名であった（A.G.I., Indiferente 1442）。つまり、この時点で 8 名の日本人がセビィリャに留まったわけであるが、セビィリャの通商院の記録（A.G.I., Contratación, 5539, Libro 2, F. 481r-481v）によると、これら8 名のうち 5 名の日本人随行員が支倉やソテロと一緒に 1617 年 7 月 4 日、スペイン艦隊でセビィリャを出帆し、ヌエバ・エスパニアへ向かったのである。つまり、「訪欧使節団」の 28 名の日本人のうち、25 名がセビィリャを出帆し、ヌエバ・エスパニアへ戻ったことが分る。これら 25 名の帰国組は全員伊達藩の関係者とみるのが妥当であろう。その根拠は、当時、スペインに出入国した外国人については法律で非常に厳しく管理（監視）されており、国王から特別な許可を取得しなければスペイン国内に留まって、自由に行動することができなかった。その証拠にセビィリャに留まったと思われる 3 名のうちドン・トマス・フェリッペ瀧野嘉兵衛は、使節団から離脱してフランシスコ修道院の修道士になったが、後に修道院を去り、ディエゴ・ハラミーリョの使用人になった。ところが、この新しい主人は冷酷な心の人間で、ドン・トマス（瀧野）を奴隷扱いにし、焼印を押すように命じた。そのうえ彼に労働報酬をまったく支払わなかった。これを不服として、彼は国王フェリッペ 4 世に日本への帰国の自由と許可を願い出ている（A.G.I., Indiferente, 1452）。

　二つ目の根拠は、法的な問題である。つまり、仮に、国王から残留する許可を取得し、現地人女性と結婚する場合、当時のフェロ・フスゴ法（Cerda, Fuero Juzgo）では、婚姻は厳格な行為として規律されており、一般に、ある自由人の男性がある自由人の女性と結婚を望む場合、男性はまず女性の両親に結婚を申し込まなければならず、この申し込みが受け入れられると、男性は女性の両親に手付金を渡す。すなわち、これが新郎と新婦の両親（若しくは親族）との間の契約（婚約）であり、新郎は両親（または親族）に婚資として一定金額を支払う。この婚資は、その後、新婦に引渡される（フェロ・フスゴ法第 3 編第 2 章 8）という想像以上の厳しい法律があった。そのため外国人自由人（移住者）がこれをクリアーするためには高額所得を得ることが出来る真面な職業を持っていなければならなかった。しかし、言語に障害を

131

抱えていた日本人随行員がスペインに残留して真面な職業に就くことは事実上不可能なことであった。

　余談になるが、使節一行がスペインを訪れたほぼ同時期に2人の日本人がメキシコ経由でスペイン本国へ渡り、貴族の召使いをしながら現地社会に溶け込もうとした記録が残されている。これら2人の日本人は、言語の障害や異文化衝突などの壁に突き当たり、結局、スペイン社会に同化することが出来ず、ヌエバ・エスパニア（メキシコ）へ戻っている。

　1610年8月1日、徳川家康は房総半島に漂流したフィリピン諸島前臨時総督ロドリゴ・ビベロの送還に便乗させて、京都の商人田中勝介を団長として京都や大阪の商人と町人合わせて総勢20人を三浦按針（ウイリアム・アダムス）に建造させた「ブエナベントゥラ号」でヌエバ・エスパニア（メキシコ）へ派遣した。彼らは1年間メキシコ市に滞在後帰国する段階で、使節一行のうち3名がヌエバ・エスパニア（メキシコ）へ残留した。これら3人の残留者のうちルイス・デ・ヴェラスコとファン・アントニオ（いずれも日本名は不詳）は副王ルイス・デ・ヴェラスコ侯爵の召使いとして仕えた。そして副王が任務を終えてスペイン本国へ帰国した際に2人とも同侯爵に同行して大西洋を渡った。なお、これら2人の日本人に対して渡航のための食費、旅費として40ペソが与えられている。この2人は関西出身の町人か商人で副王の甥のロドリゴ・ビベロの紹介でヴェラスコ侯爵の召し使いになったのだが、日本人のヴェラスコの方は、ルイス・デ・ヴェラスコの推薦によって、後にスペイン艦隊の一船の事務長を務めるまで出世した。だが、1619年にトラファルガーで難破し救助されたものの、その後貧窮に陥り、1622年5月、一人の召使いを伴ってヌエバ・エスパニア（メキシコ）へ戻っている。（A.G.I., Filipinas, 5, 2 n.321）。

　一方、ヴェラスコ侯爵の衣装係だったファン・アントニオはスペイン本国へ渡った後、主人と衝突したのか、嫌気がさしてヌエバ・エスパニア（メキシコ）へ戻ることを決意し、1612年5月と11月の2度にわたりインディアス顧問会議に帰還許可を求めている。現在インディアス総文書館に所蔵されているファン・アントニオの請願書には、

　「ファン・アントニオ、日本生まれは以下のことを申し立てます。サリナス（ヴェラスコ）侯爵に仕えてヌエバ・エスパニアから私は渡来しました。

第2章　歪曲・捏造された慶長遣欧使節記

当地（スペイン本国）にはこれ以上滞留しませんので、サリナス侯爵によってヌエバ・エスパニアに帰還する許可を与え、その件では私が大いなる恩恵と施しを受けられるように陛下がお命じ下さることを請願いたします」
とあり、インディアス顧問会議は同年11月30日、「来国した如く帰国すべし」（A.G.I., Indiferente 1435）と、これを許可している。ところが、彼はヴェラスコ侯爵から引き留められ、10年以上スペイン本国に滞在し、1624年2月3日、再び故国日本へ帰還するための許可を求めている。これに対し、顧問会議は、日本人ファン・アントニオに、その求めに応じて支度金として50ドゥカドを一括で与えることを決定している（A.G.I., Indiferente 754）。憧れてスペイン本国へ渡った2人の日本人は、確かな理由は分からないが、結局、現地生活に馴染めず、2人共現地女性と結ばれることもなくヌエバ・エスパニア（メキシコ）へ帰還したが、その後の消息については不明である。

　話を元に戻すが、第三番目の理由は、伊達藩士の政宗に対する忠誠心である。伊達藩の随行員の監督責任者は、主君政宗に非常に忠実な臣下支倉六右衛門であったが、彼は随行した藩士たちが主君と自分を裏切って使節団を離脱することを絶対に許すはずはなかったと考えるべきである。また、藩士たちも主君政宗を裏切るような行動をとることはしなかったはずである。ちなみに、支倉は、1618年6月22日付マニラ発信で息子勘三郎宛に私信を送っているが、それには「清八、一助、大助」の3人がメキシコで逃亡したことをわざわざ知らせている。仮にローマまで随行した藩士たちが逃亡してメキシコやスペインに残留したならば、同様に息子に知らせたはずである。

　ところで、瀧野以外でスペインに残留した2名とは誰であり、その消息についてであるが、当時のスペインの事情から察して、スペインに留まる許可を入手できたのは、他でもない「日本のキリスト教徒の代表者」の伊丹宋味と野間半兵衛の2名であったと考えるのが妥当であろう。なぜならば、彼らは敬虔なキリスト教徒の自由人であってローマでは貴族として扱われたからである。彼らはローマ教皇に対する大半の重要な請願事項が却下され、日本のキリシタン禁教令下において信仰生活を維持することは困難であると考え、スペインに留まったとしても不自然なことではない。むしろ当然のことと言えよう。年配者であった伊丹と野間も瀧野のようにフランシスコ会の修道士になって霊的生活を送った可能性が高いが、その消息を知るための客観

133

的な史料はまだ発見されていない。しかしながら、瀧野を除く 2 名の日本人が通商院に対し、セビィリャからヌエバ・エスパニア（メキシコ）への艦隊に乗船するための出国許可を申請したという記録が見当たらない。そのままスペインに留まった可能性が高いのである。しかし彼らがコリア・デル・リオに移住したという証左はどこにも存在しない。

㉓【同書、171 頁 14 ～ 15 行目、172 頁 6 ～ 11 行目】

「当地に残った日本の若者が、表情豊かで情熱的なこの国の女性の虜になったとしても、私にはちっとも不思議ではない。……」

「中年で、大命の責任があった支倉や使節の上級者は別にしても、未知の世界にロマンを感じて帰国をためらった若者が出たとしてもおかしくない。ましてや、彼女たちとの間に子供ができていたとしたらどうだったであろうか。脳裏に浮かぶ生まれ育った遠い故郷・仙台の風景と、そこで帰り待をちわびている肉親や友たち。でも目の前には愛する異国の女性(セニョリータ)と血を分けた子供。帰るべきか残るべきか、身を引きちぎられるような選択であったことだろう」と、太田氏は**史実とはかけ離れた非現実的な**小説の世界を描写している。

㉔【同書、167 頁～ 232 頁】

本書の核心部分ともいえる「サムライの末裔伝説を追って」の章は肝心な客観的な史料に基づいた記述は皆無に等しく歴史事実としてまったく評価に値しない。特に、205 頁 10 行目の「日本姓(ハポン)の多くは赤ん坊の時代に、お尻に蒙古斑が出るのです。……」と、太田氏は現地の小児科医の証言を紹介しているが、絶対にあり得ないことである。歴史家であればこのような重要な証言を紹介する場合、必ずその証言者の名前と正確な職業を記述する。だが太田氏はただコリア・デル・リオ在住の小児科医の証言としてのみ紹介している。これだけでは信憑性に欠け、このような証言をした小児科医が本当に実在するのかどうかも疑わしくなる。ちなみに、私が知る限り、スペイン人小児科医で生まれたばかりの日本人の赤子のお尻に蒙古斑（Mancha Mongolica）が現れることを知っている人は殆どいない。蒙古人や日本人以外で乳児のお尻に蒙古斑が現れるのは、メキシコの先住民（サポテカ族、ミステカ族等）であり、彼らの乳児に蒙古斑が現れることが広く知られている。メキシコの先住民は、約 5 千年前に、蒙古民族が放牧しながらベーリング海

峡を越えてアメリカ大陸へ渡った子孫であるという伝説がある。

　以上、太田氏の著書について私の所見を述べさせていただいた。すべての歴史学研究の基礎は、研究素材としての史料の収集、正確な読解、そして史料の分析にある。そして収集された史料は正確に読解、把握しなければならない。前述したように太田氏の著書には、「史料によると」という漠然とした言い方が非常に多く、客観的な史料名がほとんど明記されていない。

　総じて言えば、太田氏の著書は、歴史的知識を軽視しており、その内容も物語風になっていて、歴史的事実としては評価できない。

2　「コリア・デル・リオ」の「ハポン（日本）」姓に関する私の見解

　さて、「コリア・デル・リオ」の「ハポン（日本）」姓の謎についてであるが、私も何度も現地調査を実施しているが、ハポン姓が慶長遣欧使節団と直接関係があるということを証左する史料は何も発見されていない。にもかかわらず、日本側（宮城県の関係者、駐スペイン日本大使館、一部のマスコミ機関）がコリア・デル・リオのハポン姓の人たちが支倉使節団員の末裔であると勝手に決めつけて、お祭り騒ぎをしているに過ぎないのである。Y新聞社の記者などは支倉六右衛門常長の子孫であるという仙台市在住の人物をコリア・デル・リオや支倉文書が所蔵されているシマンカス文書館などへ連れて行き、スペインの人たちはそれほど関心がないにもかかわらず、サムライの格好をさせて話をさせたりした。

　コリア・デル・リオの日本姓については唯一、エストリーア教会に保管されている1667年の洗礼台帳に、ホアン・マルティン・ハポンとマグダレーナ・デ・カストロの娘カタリーナの名前の記述がある。使節一行がローマからコリアに戻ってきたのが1616年であるから、51年後のことである。ここで注目すべきなのはホアン・マルティン・ハポンのハポン姓が、第二姓だということである。つまり、母親がすでにハポン姓を名乗っていたのである。

　当時、「ハポン姓」を名乗っていたのはコリア・デル・リオの住民だけでなく、使節の日本語通訳としてメキシコから同行したメキシコ生まれのフランシスコ・マルティネス・モンターニョ・ハポン（Francisco Martinez Montaño

第Ⅰ部　慶長遣欧使節の実像と虚像

図 19-1　ハポン姓の人名表記例（1）
使節団の通訳としてメキシコから随行したフランシスコ・マルティネス・ハポン（モンターニョ）が母方の苗字のモンターニョの代わりに「ハポン（Japon）」姓を用いていた（1616年4月死者台帳）。（マドリード市サン・ペドロ教会所蔵）

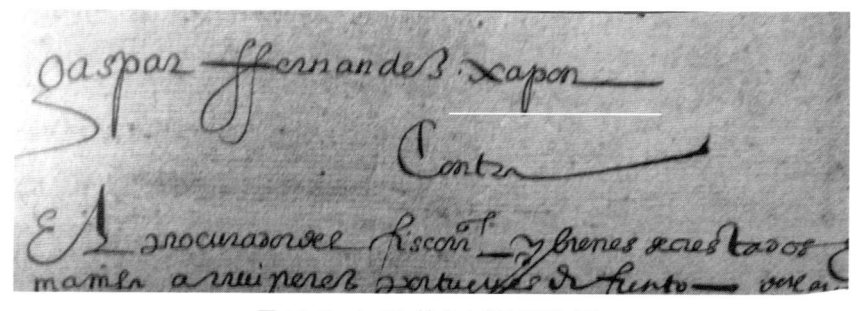

図 19-2　ハポン姓の人名表記例（2）
1599年に作成された異端審問記録に「ガスパル・フェルナンデス・ハポン（Xapon）」と母方の苗字の代わりに「ハポン」姓が用いられている。なお、当時は「ハポン」の綴りは"Japon"のほか"Xapon"が用いられた。（メキシコ国立公文書館所蔵）

Japon）も母方の苗字の代わりにハポン姓を名乗っていた。また、1590年にセビィリャで出版されたホセ・デ・アコスタ著"Historia Natural y Moral de las Indias"（インディアスの自然と知恵の歴史）にもハポン姓の人物が登場している。さらに、メキシコ国立公文書館（A.G.N）に所蔵されている1599年作成の古文書にもガスパル・フェルナンデス・ハポン（Gaspar Fernandez Xapon）というハポン姓の人物の名前が記されている。ちなみに、当時のスペインでは人口統計調査で出生地や民族名を聞いて姓の後に付記したので、ハポン姓もその慣例に倣ってつけられたとも考えられる。

参考文献

大泉光一『支倉常長』中公新書、1999年、81頁
大泉光一『支倉六右衛門常長―慶長遣欧使節を巡る学際的研究―』文眞堂、1999年

大泉光一『メキシコの大地に消えた侍たち―伊達藩士・福地蔵人とその一族の盛衰―』新人物往来社、2004 年、44 〜 46 頁
太田尚樹『ヨーロッパに消えたサムライたち』ちくま文庫、2007 年
太田尚樹『支倉常長遣欧使節　もうひとつの遺産―その旅路と日本姓スペイン人たち―』山川出版社、2013 年

第Ⅱ部

国宝「支倉常長肖像画」の真贋疑惑の再検証
―贋作疑惑証左の再検証と新たな傍証―

第Ⅱ部　国宝「支倉常長肖像画」の真贋疑惑の再検証

プロローグ

　仙台市博物館所蔵の「支倉常長半身像」（フランス人画家モンス―・クラウディオ《クロード・ドゥルエ》作、1615 年制作、縦 80.8cm・横 64.5cm、キャンバス油彩）は、ローマ教皇パウルス 5 世から贈られたもので支倉自身が直接持ち帰ったものとして明治時代から良く知られており、平成 13 年 6 月、国宝に指定され、2013 年 6 月にユネスコの世界記憶遺産に登録されている。

　私が初めてこの「支倉半身像」を観たのは昭和 30 年代後半のことである。その時の印象は、≪支倉の愚直で強靭な意志を秘める相貌が、暗く傷んだ画面から浮かび上がってくるようであった≫。しかしながら、私がメキシコへ留学してから帰国するまで通算約 15 年間に及ぶ異文化体験をして帰国後、再び支倉の肖像画を観て、≪（支倉が）慣れない異国において病と闘いながら長年旅を続け、疲労困憊していたこと≫を考え、初めて観た時の印象とは全く異なり、支倉肖像の現存画の強靭な表情に対し疑念を抱くようになったのである。このことがきっかけとなり、1979 年に日本大学国際関係学部で教鞭を執るようになってから真相を究めるため本腰を入れて支倉肖像画に関する研究に取り組むようになった。そしてその後研究を重ねた結果、なお一層支倉肖像画の不自然さに注目するようになった次第である。30 年以上にわたる私の支倉肖像画の研究の結果、仙台市博物館に現存する肖像画は、支倉自身が将来した原画ではなく、後世に描かれた模写画の疑いが濃厚であることを突き止めたのである。こうした支倉肖像画の改作疑惑について初めて上梓したのが、『慶長遣欧使節の研究―支倉六右衛門使節一行を巡る若干の問題について―』（文眞堂刊、1994 年）の第 5 章「「支倉六右衛門」肖像画の信憑性について」である。そしてさらに研究成果を加筆して、『支倉六右衛門常長―慶長遣欧使節を巡る学際的研究―』（文眞堂刊、1999 年）を上梓し、その後 2005 年 10 月に『支倉常長　慶長遣欧使節の真相―肖像画に秘められた実像―』（雄山閣）を上梓した。私のこれらの著書を通して「支倉半身肖像画」の改作疑惑の経緯について詳しく述べているので是非一読していただきたい。

　本書第Ⅱ部では、近年、仙台市博物館が私の改作疑惑に対して反論したことに対する私の反論およびその後の研究によって判明した新事実について紹介する。

第1章　『支倉六右衛門常長齋歸品寶物寫眞』掲載の「支倉半身像」が原画写真である論拠
—すり替えられた『写真集』の「支倉半身像」の原画写真—

1　伊勢斎助・大内大圓編『支倉六右衛門常長齋歸品寶物寫眞』帳に載っている「支倉半身肖像画」の真相

　明治17年6月11日付で、宮城県農商課が支倉家子孫支倉清延氏に宛てた公文書（仙台市博物館所蔵）で、同氏が秘蔵している「支倉書簡」を借用したことによって「支倉常長肖像画」を含む支倉将来品がすべて揃ったので18枚の写真を撮影したと次のように連絡している（図20）。

　　今般支倉六右衛門遺物取纏写
　　真可致ニ付テハ御秘藏之同氏書簡
　　借用悉皆相揃撮影致候ニ付別
　　十八影為御挨拶差進候条御受
　　納有之度候也
　　　明治十七年六月十一日
　　　　　　　　宮城県農商課
　　　支倉　清延　殿

　この公文書から「支倉常長肖像画」を含めた「慶長遣欧使節関係資料」の18枚の写真は、明治17年5月から6月にかけて、仙台市立町通で明治11年から写真館を開いていた遠藤陸郎（1845〜1914年）によって撮影されたものであることが判る。これらの18枚セットの写真は、平成元（1989）年2月、私が国立国会図書館で発見した、伊勢斎助・大内大圓編『支倉六右衛門常長齋歸品寶寫

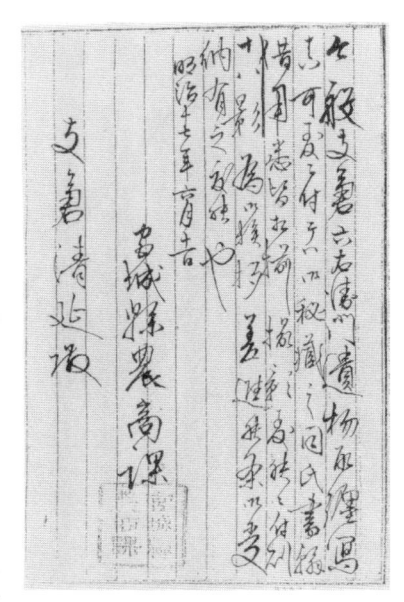

図20　宮城県農商課が支倉清延氏に宛てた公文書（仙台市博物館所蔵）

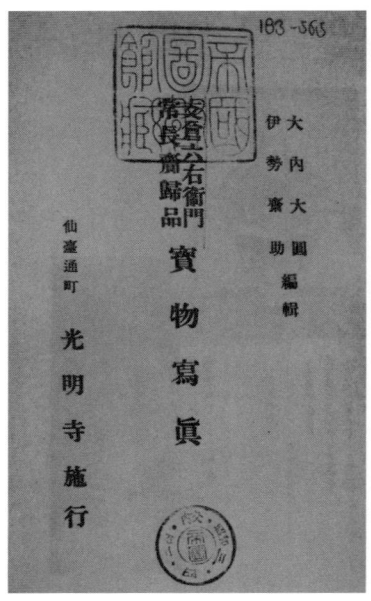

第Ⅱ部　国宝「支倉常長肖像画」の真贋疑惑の再検証

図21　『支倉六右衛門常長齋歸品寶物寫眞』表紙（左）と同書掲載の支倉常長肖像画（右）　肖像の下に「使節支倉常長航路（呂宋経由）図」が画かれている。

眞』（昭和3年、仙台光明寺施行）（以下『古写真集』）（図21‐左：古写真集の表紙）および伊勢斎助編『伊達政宗欧南遣使考全書』（昭和3年、東京裳華房発行）（国立国会図書館書架番号548・6・0586）にすべて掲載されている。これらの『古写真集』に掲載されている「支倉肖像画」の画像写真（図21‐右）の容貌は、現存画とは対照的で、海外に残されている文書（サン・トロペ侯の書簡、サン・トロペに住むファーブル氏の書簡、ローマ駐在のヴェネツィア大使より同国の大統領に宛てた書簡等）に記録されている支倉の共通した容貌の特徴（顔は浅黒く四角張っている、鼻は極めて低く扁平で鼻孔は大きい、目は小さく窪んでいる、顔はげっそり痩せている、額は広い）とすべて符合する。そして私が抱いた前述の疑問を払拭し、『古写真集』の支倉像の特徴は、頬が極端にこけており、合わせている手の骨が浮き出ていて、眼が窪み、誰の目から見ても疲労困憊した病弱な人物である。つまり現存画から受けるイメージとはまったく逆のイメージの画像写真である。

第1章 『支倉六右衛門常長齎歸品實物寫眞』掲載の「支倉半身像」が原画写真である論拠

図22 1994（平成6）年8月17日付『産経新聞［宮城県版］』朝刊

　さて、支倉半身肖像画に関する私の新学説は、1994（平成6）年8月17日付『産経新聞［宮城県版］』に、「支倉常長の肖像画後世に改ざん？」という大きな見出しで報道された。記事の内容は、「常長の像の肖像画が、後世の人の手で改竄された作品であり、ボルゲーゼ家が所蔵する和服姿の人物は「小寺池（小平）外記」で常長とは別人である」と、いうものである。この改竄説に関する報道に対して、同年8月24日付『産経新聞［宮城県版］』は仙台市博物館の濱田直嗣館長（当時）の反論記事を次のように掲載した。

　「館内に現存画の原画写真が存在する＝掲載写真［筆者註：本書図24］。大泉光一日大教授［筆者註：当時］が、原画写真と判断した明治年間の写真は、何らかの理由で作製された模写ないしは修正画と推測される。教授の仮説は、改ざんといった問題ではなく、模写写真を原画とする出発点に誤りがあるのでは…」

143

第Ⅱ部　国宝「支倉常長肖像画」の真贋疑惑の再検証

図23　1994（平成6）年8月24日付『産経新聞［宮城県版］』

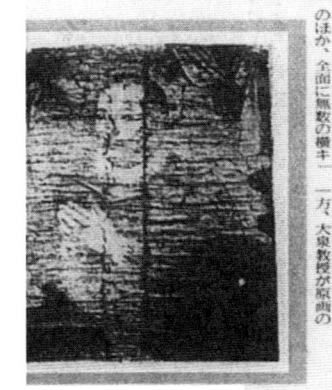

と、私が原画写真であると発表した写真画像は、濱田氏は何も証拠を示さずに漠然と模写画の写真であると主張し私の見解を否定した。

濱田館長（当時）は肖像画の原画写真とみられる写真を3年前（1991年）に入手、仙台市博物館が所蔵すると前置きして、

「写真は、明治九年の仙台博覧会で本県［筆者註：宮城県］の写真師の草分けとして知られる故遠藤陸郎さんが撮影したもの。肖像画を含む使節団が持ち帰った秘蔵品が十八枚の組写真として撮影されている。写真は画質が悪く、縦の大きなキズのほか、全面に無数の横キズがあり、ほかの秘蔵品の写真と比較して損傷のひどさがうかがわれるが、現存画と共通する目鼻立ち、表情などがはっきりと見てとれる。博物館では、包

144

第1章　『支倉六右衛門常長齋歸品實物寫眞』掲載の「支倉半身像」が原画写真である論拠

み紙に写真十八枚の墨書きのメモと遠藤陸郎のサイン、押印があり、状況から遠藤氏撮影の写真と推定、原画写真として認知している。」
と説明している。この濱田氏の説明に対し、ここで二つの大きな疑問点を述べることにする。

2　濱田氏が初めてマスコミに公表した支倉肖像の画像写真を7ヶ月後にすり替える

まず一つ目の疑問は、1994（平成6）年8月24日付『産経新聞［宮城県版］』に掲載された私の主張に対する濱田直嗣氏の反論記事とともに初めて現存画の原画写真として紹介された［図24］と、1995（平成7）年3月に、濱田氏が発表した論文「支倉六右衛門遺物と写真」（『仙台市博物館調査研究報告』第15号）の中で、「現存画の原画である」と紹介している［図25］は同一のものではなく、異なったものである。濱田氏が［図24］を「原画写真」であるとマスコミに初めて公表し、わずか約7ヶ月後にそれを翻して差し替えている。また、仙台市博物館側が原画写真と判断した［図25］を1991年に入

図24　1994（平成6）年8月24日付『産経新聞［宮城県版］』に掲載された濱田氏の反論記事に「原画写真」として紹介された支倉肖像画

図25　『仙台市博物館調査研究報告』第15号（平成7年）に「原画写真」として紹介された支倉肖像画

第Ⅱ部　国宝「支倉常長肖像画」の真贋疑惑の再検証

手していながら、私が改竄疑惑について新聞発表をするまでなぜ一般に公表しなかったのか大きな疑問が残る。濱田氏はこれら二つの疑問点について明解に説明する義務がある。

3　すり替えられた『古写真集』の「支倉半身像」の原画写真

　私が発見した伊勢斎助・大内大圓編『古写真集』および伊勢斎助編『伊達政宗欧南遣使考全書』（裳華房発行）に載っている「支倉常長半身像」は、太政官史官平井希昌（1839～1896）が岩倉右府公の命により編纂した『伊達政宗欧南遣使考』（博聞社、明治9年12月）の巻末に貼付けて紹介されている支倉肖像画の模写画［図28］は［図27］を現物模写し、それを写真撮影したものである。
　二つ目の疑問は、宮城県農政課が写真師遠藤陸郎に依頼して撮影させた18枚組の写真に含まれていた「支倉半身肖像画」の画像写真は、前記『支

図26　明治17年6月に宮城県が遠藤陸郎に依頼して撮影した18枚の写真の中の支倉肖像画（修復後）

図27　『伊達政宗欧南遣使考全書』に紹介されている支倉肖像画（修復前）

第1章 『支倉六右衛門常長齎歸品寶物寫眞』掲載の「支倉半身像」が原画写真である論拠

図28 わが国で最も古い支倉肖像画の現物模刻模写画（平井希昌編述『欧南遣使考』明治9年）

図29 国宝支倉常長肖像現存画（仙台市博物館所蔵：同館の許可を得て筆者が撮影）

倉六右衛門常長齎歸品寶物寫眞』帳および『伊達政宗欧南遣使考全書』に載っている「支倉半身像」と同じ疲労困憊している支倉の画像写真であるが、仙台市博物館の関係者が国宝現存画［図29］にすり替えて紹介したのである。そして『支倉六右衛門常長齎歸品寶物寫眞』帳および『伊達政宗欧南遣使考全書』に載っている「画像写真」［図21-右、図27］をいずれも一方的に模写画であると主張している。しかるに濱田氏は［図21-右］は模写画であると断言しているが、それを証明できる客観的な証左を提示すべきである。

4　国宝現存画に史料的価値はあるのか
　　―絵画中央の縦横の剝落部の謎―

1）画面中央の剝落部に対する疑惑

「支倉常長半身肖像画」は、2001（平成13）年に国宝に指定されている。わが国の国宝及び重要文化財指定基準（絵画・彫刻の部）は5つあるが、「支倉常長半身肖像画」はそれらのうちの第5項の「渡来品でわが国の文化にとっ

147

て特に意義のあるもの」に該当するといわれる。つまり、「支倉常長半身肖像画」の画像のほぼ中央部に見える４つに折り畳んだ跡や横折れなどの隠匿の痕跡は、往時のキリシタン弾圧の歴史的経緯を伝えるものとして史料的な価値が高いと説明されている。そもそも国宝に指定された理由も、現存画の中央右寄りの縦横に各々折り目の剥落部（亀裂）があるからだという。

　私はこれまで自著書で「支倉常長半身肖像画」の剥落部に関して濱田直嗣氏や仙台市博物館側に疑問点について回答を求めてきたが、未だに納得のゆく説明は何もない。この点について考えれば考えるほど疑惑を払拭できないので、ここで改めて私の支倉肖像画の剥落部に関する疑問点について整理してみる。濱田直嗣氏は、「画像の中央にある縦の剥落は、枠から外され、折り曲げて巻かれるなどしたために生じたものと推測される」（濱田2008年）と、説明しているが、次のような重大な疑問が生じる。

　①仙台市博物館や濱田直嗣氏の剥落部に関する従来の説明は、「キリシタン禁制による隠匿のため４つに折り畳んで保管されていた」というものであった。ところが、私が剥落部に関して捏造疑惑を提示した後は、「枠から外され折り曲げて巻かれていた」と、表現が大きく変わっている。つまり縦の剥落はキリシタン弾圧によるものではなく、枠から外され折り曲げてできたものであるという。問題は、国宝に指定された理由が「キリシタン弾圧の歴史的経緯を伝えるものとして史料的な価値が高い」ということであった。キリシタン弾圧によるものではないということになると、史料的な価値が喪失し国宝指定の規定に抵触する恐れがある。

　②「支倉半身肖像画」は大槻文彦の『金城秘韞補遺』に、キリシタン禁制品という理由で、仙台藩の評定所（切支丹所）にほかの将来品と一緒に強制的に没収されたと記録されている。支倉の将来品の中には、キリスト教徒でなくとも一目見ればキリシタン関係の絵画と判かる「ロザリオの聖母」の銅版油彩画やキリスト像付の十字架、ロザリオ、ローマ教皇パウルス５世肖像画などが含まれていたが、評定所内でこれらのキリシタン禁制品は隠匿されないでそのまま保管されていた。「支倉半身肖像画」だけが４つに折り畳んで隠匿されていたという説明にはどうしても納得できない。そして何よりも「４つに折り曲げて巻いて保存した」という推測は余りにも馬鹿げている。絶対にあり得ないことである。事実、2014年９月に史料の採録調査のため

第 1 章　『支倉六右衛門常長齋歸品實物寫眞』掲載の「支倉半身像」が原画写真である論拠

スペインを訪問した際に、私は非常に馬鹿げた質問であることを十分承知の上で、スペインや米国で活躍している著名な画家ペドロ・フライレ氏に「支倉半身像」の現存画の画像写真を見せながら「この油絵を4つに折り曲げて巻いて250年間保存したというが、……」と、話をしたら「油絵を4つに折り曲げて巻いて保存したという方法は絶対にあり得ないことである。絵画を保存する場合は、**画面を外側にして巻いて保存するのが、昔から世界中の共通の保存方法である**」と、数十点の巻かれた状態で保管してある自作の絵画を示しながら話してくれた。このほかスペイン国内の幾つかの美術館の絵画の保存担当者に同様のことを聞いてみたが、答えは何れもペドロ・フライレ氏と同様であった。それにしても、わが国の美術専門家たちの所見もフライレ氏と同様と思われるが、なぜか、濱田氏の「4つに折り曲げて巻いて保存した」という説明に異論を唱えようとしないのである。

③ 1872（明治5）年に発行された「大隈文書」（早稲田大学図書館蔵）の中に、「……右由来記（支倉の十字架の画像等桐函ニ蔵メ県庁ニ渡ス）（略）……」と、記述されており、また、「支倉肖像画」と一緒に没収されて評定所に保管されていた「教皇パウルス五世肖像画」は、昭和45（1970）年8月に宮城県気仙沼カトリック教会がガリ版印刷で出版した道斎・小川昇之信著『伝道回想録』には、「……パウロ五世の肖像画は立派な大きな桐の箱に巻いて保管されていた」と、記録されている。前記「大隈文書」の中に記録されている「桐箱に納められた支倉肖像画等が宮城県庁に渡された」と符合するのである。教皇パウルス5世の肖像画が巻いて桐に箱に保管されていたということは、支倉肖像画も同じ状態で保管されていたと考えるのが妥当である。夏季の高温多湿なモンスーン気候の日本で、油絵が湿気の影響を受けて絵具が少し剥落したとはいえ、ほぼ正常な状態で保管されていたのは、間違いなく桐箱の中に画面を外側にして巻いて保存していたからである。したがって、仙台藩が幕府のキリシタン禁教令（国法）に従って支倉家から没収した肖像画等慶長遣欧使節関連の遺物を仙台藩の評定所切支丹改所（藩の裁判所）の御物置で保管していたので、支倉肖像画をわざわざ4つに折り畳んで隠匿する必要はなかったと考えるのが妥当である。なお、明治30年代以前に発行された書籍や新聞【①平井希昌編『伊達政宗　欧南遣使考』（明治9年刊行）、②明治9年7月3日付『東京日日新聞』に掲載された岸田吟香の支倉肖像画に関

する観察記録、③明治17年5月〜6月にかけて宮城県農商課が仙台の写真師遠藤陸郎に依頼して撮影させた18枚の写真に含まれていた支倉常長半身肖像画（『古写真集』）、④ヴォーレン・ヒッポリュトス著『日本におけるフランシスコ会修道士・昔と今』(81頁)に掲載された支倉六右衛門の肖像画（1912年1月ドイツで刊行されたが、支倉の画像写真は、『支倉六右衛門常長齋歸品寶物寫眞』帳のものと同一のものである）。⑤渡辺修二郎『世界における日本人』（明治慶應書房、明治26年刊行、152頁）、⑥明治27年7月1日付『東北日報』（付録）に掲載された「支倉常長肖像」の現物模写画、など】に掲載された支倉肖像画の観察記録には、画像の剝落部についての記載が何も見当たらない。また、明治30年代以前の刊行物及び明治30年代以前に写真撮影され、昭和期になって刊行された慶長遣欧使節関係資料集（伊勢斎助・大内大圓編『支倉六右衛門常長齋歸品寶物寫眞』〈昭和3年、光明寺施行〉等）などに紹介された支倉肖像画にも剝落部は見当たらない。『古写真集』の支倉肖像とまったく違った容貌と縦の剝落部が入った支倉肖像写真が突然、世に出現したのは、明治42年に東京帝国大学史料編纂所が刊行した『大日本史料』第十二編十二によってである。ちなみに、濱田氏が仙台市博物館の刊行物を通して紹介した国宝現存画と同じ剝落部が入った複数の模写画の写真画像は、すべて明治30年代後に描かれたものである。

さて、私がこのような指摘をすると、濱田氏は決まって「観察者が（剝落部を）見落としたとか、あるいは観察者が気付かなかった」から記録に残さなかったなどと反論をしてくるのである。剝落部が元々無かったものを観察者が記録するはずはないのである。

2) 美術修復家の証言

「支倉常長半身肖像画」は、昭和39年に伊達家から仙台市に寄贈され、昭和41年6月11日付で、≪画面のほぼ中央部に見える折り畳んだ跡や横折れなどの痕跡は、往時のキリシタン弾圧の歴史的経緯を伝えるものである≫という理由で高く評価され、他の「慶長遣欧使節関係資料」とともに一括して国指定の重要文化財に指定された。この時重要文化財に指定された根拠が、前述したように、≪**画像中央部の折り畳んだ跡と、横折れの痕跡がキリシタン弾圧によるものである**≫と、判断されたからであるという。このように判

第1章　『支倉六右衛門常長齎歸品寶物寫眞』掲載の「支倉半身像」が原画写真である論拠

断したのは重要文化財の指定を受けるために文化庁に申請を行った仙台市博物館である。しかし、支倉肖像画の中央部の≪折り畳んだ跡や横折れの痕跡が、キリシタン弾圧によるものである≫と、判断した客観的な根拠が何も提示されていないので大きな疑問が生じる。なぜならば、この肖像画の縦および横の損傷（亀裂）は作品そのものの老朽化やその他の理由による可能性が非常に高いからである。

　吉村絵美留著『修復家だけが知る名画の真実』（青春出版社、2004年刊）第2章の「（絵画の）亀裂のいろいろとその原因」（同書64～79頁）の中で「亀裂が起きるメカニズムについて」、次のように解説している。

　「亀裂が起きる原因はいくつかありますが、まず多いのが、キャンパスの前か後ろに何かが当たって、圧力がかけられたケースです。その際、絵の具層には目に見えないぐらいの小さな亀裂ができます。これが、時間が経つにつれて同心円状に広がっていきます。描かれてから50年以上経っていない作品の絵の具層は、表面が乾いていても、内部は乾いていません。そのような状態のところに亀裂が1本入ると、それがどんなに細くても、そこから一気に空気が入って絵の具の内部が急激に乾燥し始めます。そして、そこからさらに亀裂が広がっていきます。また、亀裂が入った絵の具層は強度が失われるので、温湿度の変化でキャンパスが伸び縮みした時に絵の具が動いてしまい、さらに亀裂を広げます。ほんの5ミリほどの傷でも、伸び縮みを繰り返すことによって、どんどん長く裂けていくのです。そして、空気が入ったことにより、キャンパスに接している部分の絵の具までもが乾燥し始め、やがてそこからコーンフレーク状に反り返ってきます。これを絵の具の浮き上がりと呼びます。浮き上がりがひどくなると、その部分は最終的にキャンパスから剥落してしまう、というわけです。

　外的圧力を加えなくても、亀裂が入ることがある。たとえば、<u>極端に暑い日に作品を外に出したり、高温の室内に放置しておいたりすると、熱せられることによってキャンパス地が強烈な勢いで伸び、その結果、絵の具層に、横、あるいは縦に大きく亀裂が走ることがあるのです。大きな絵の場合は、作品そのものがキャンパスと絵の具の重みに耐えられなくなって、真ん中あたりから亀裂が発生します。</u>」

さらに吉村氏は、亀裂の取り扱い方について、次のように述べている。

> 「……、絵画によく付着しているもので、もうひとつ厄介なのが、カビです。空気中には何千、何万というカビの胞子が飛んでいるので、条件さえそろえば、すぐにカビは発生します。特に日本のように湿度が高い国では、温度が高く、風通しが悪い環境になると、てきめんです。」

つまり吉村氏によると、油絵を日本のような高温多湿の室内に放置しておけば熱せられてキャンパス地が伸びたりカビが生えて、その結果、絵の具層に、縦と横に亀裂が走るということである。支倉肖像画の場合も、年に一度風入れ（虫干し）を行ったといえども、250年間も高温多湿の物置に入れて保管していたのでは、カビが生え、膠が劣化して絵の具層が剥離して、縦と横に皺や亀裂ができるのは当然のことである。

≪不可解な支倉肖像画の保存処置報告書≫

ところが「支倉常長半身肖像画」の画像の剥落部（亀裂）について、昭和42年4月〜昭和44年3月までの2年間にわたって実施した支倉半身肖像画の修復後（実際の修復作業期間は5ヶ月間）に、仙台市博物館が作成した『重要文化財「慶長遣欧使節関係資料の一部」の保存処置について』と題する報告書の「剥落部に対する処置の所見」に、当時、修復作業に携わった東京藝術大学美術学部絵画組成研究室寺田春弌助教授（当時）は、

> 「この作品の場合の剥落部は隠匿のため折り畳んだ結果によるものが主で、この剥落はキリシタン禁制による歴史的事実を示す資料的価値をもつと考えざるを得ないし、この部分をマスティカージュ（剥落部分に対する充填補彩）によって抹消して鑑賞上の効果をもつことが左程主要な役目をもたぬと判断されるので、この作品には一切マスティカージュは施してない。」

と書き残している。寺田氏は美術の専門家（絵画組成）として、絵の剥落部の原因について吉村氏と同様の所見を述べるべきなのに、どうしたことか「剥落部は隠匿のため折り畳んだ結果によるものが主で、この剥落はキリシタン禁制による歴史的事実を示す資料的価値をもつ……」と断言して記録を残している。絵画組成（修復）が専門で歴史学者ではない寺田氏が仙台市博物館とまったく同じ所見を述べている。寺田氏は既に亡くなっているので真意を

確かめることはできないが、同氏は仙台市博物館の説明に符合するように記録を残したのではないかと推察される。絵画修理の場合、通常は絵画の亀裂した部分を充填補彩して復元するのが通例であるが、寺田氏は、「絵画の剝落部は隠匿のため折り畳んだ結果によるものであり、史料的価値をもっと考えるべきである」と、わざわざ強調して剝落部を残している。謎が深まるだけである。

3) 画像の亀裂の説明が2つ折り（縦折）から4つ折り（縦横）に変る
―昭和の修復後に新たに横の亀裂が加えられた？―

私はこれまで再三指摘してきたことであるが、1975（昭和50）年2月、支倉常長生誕400周年を記念して仙台市教育委員会「支倉常長顕彰会」（島野武市長〈当時〉）が編纂出版した『支倉常長伝』に、支倉肖像画について次のように紹介している。

> 「支倉常長の油彩麻布の肖像画は縦折りにしてあったために、中央右寄り縦の折目に彩色が無くなっており、画布の縦皺が多く、彩色は油気を失っていたが、……」

約40年前まで仙台市教育委員会は、画像中心部に縦折、つまり、2つ折りにされて保管されていたと紹介されていた。ところが、1989（平成元）年9月に仙台市博物館が発行した仙台市制100年記念特別展「ローマの支倉常長と南蛮文化―日欧の交流・16～17世紀―」の支倉常長像（慶長遣欧使節関係資料）の解説では、

> 「（支倉常長肖像画の）この画布には、日本にもたらされた後、仙台藩切支丹所に没収され4つに折って保管されていたらしく、その傷がはっきりと見えている。」

と前述の『支倉常長伝』の「2つ折り」から「4つ折り」に変更されて解説されている。

また、2001（平成13年）年10月に仙台市博物館が編集・発行した仙台市博物館収蔵資料図版「国宝「慶長遣欧使節関係資料」」の図版解説（71頁）には、

> 「……。図版中央、縦に入れられた折り跡が痛々しいが、無数の横皺も認められることから、ある時期に縦に折った上で巻かれていたものと

推測される．没収時の所為であろうか」

と、今度は「縦に折った上で巻かれていた……」と解説が変わっている。

このように画像の中央部の亀裂に関する解説がその都度変わっている。その後、私は自著書『捏造された慶長遣欧使節記』で、昭和42（1967）年4月、東京藝術大学美術学部絵画組成研究室による修理後、「支倉常長肖像」の画像の中央部だけでなく、両手を合わせた部分の上に新しく横の折目の亀裂（剥落部）が加えられた疑惑について問題提起をしたが、濱田氏から感情を顕わにした反論があった。なお、横の折目の加筆疑惑に関する詳しい事情については前述した拙著『捏造された慶長遣欧使節記』を参照乞う。

このような熾烈を極めた論争の末、平成25（2013）年10月の「慶長遣欧使節出帆400年・ユネスコ世界記憶遺産登録記念「伊達政宗の夢―慶長遣欧使節と南蛮文化―」（仙台市博物館発行）の支倉常長像の図版解説には、

「……。本図は、常長が帰国後、政宗に献上した品には含まれず、支倉家に留められた。しかし、寛永17年（1640）、嫡子常頼の家来がキリシタンであることが発覚し改易となった際、他の資料と共に藩へ没収されたものと考えられている。本図で縦に残る折り目などの傷みは、その時のものであろうか」

と、画像の剥落部に関する従来の解説とは全く異なっている。この解説では「支倉肖像画」の縦の折目などの傷みは藩へ没収された時にできたという解釈になる。

参考文献：

仙台市博物館『伊達政宗の夢　慶長遣欧使節と南蛮文化』2013年10月
吉村絵美留著『修復家だけが知る名画の真実』青春出版社、2004年

第2章　国宝絵画の虚構を検証する
―「国宝現存画」の贋作疑惑に対する専門家の証言―

1　鮫皮であるべきなめし塗りの短刀
―わが国における刀剣研究の第一人者の証言―

　「支倉肖像画」の短刀について、明治天皇の東北御巡幸一行に随行した東京日々新聞社記者の岸田吟香（1833～1905年）は、『御巡幸ノ記』と題して、明治9年7月3日付『東京日々新聞』に「……鮫柄の短刀」と観察記録を書き残している。また、同年12月発行の平井希昌の『欧南遣使考』（博聞社）に「鮫皮鋏短刀ヲ佩ヒ、」とあり、さらに明治26年6月発行の渡辺修二郎の『世界ニ於ケル日本人』（経済雑誌社）には、「腰ニ鮫柄ノ日本短刀……」と、各々記録されている。『古写真集』の支倉肖像画の短刀の柄（刀剣の手で握る部分）には、前述の複数の記録と符合する「白い鮫柄」（図30）が描かれて

図30　短刀の柄と目貫
左の国宝現存画の短刀の柄は存在しない鞣し塗りになっており、目貫も存在しない種類である。右の『古写真集』の短刀の柄は残された観察記録通り白の鮫皮であり、目貫も通常のものである。

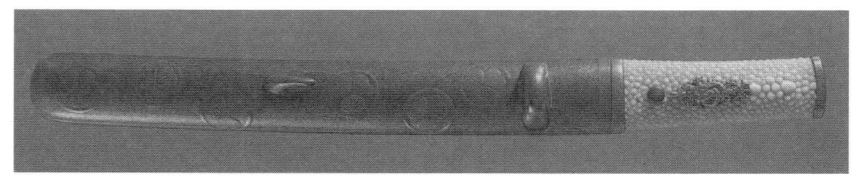

第Ⅱ部　国宝「支倉常長肖像画」の真贋疑惑の再検証

図31　鮫柄の日本短刀
鮫柄の短刀は白色が一般的である。
（佐野美術館所蔵）

図32　一般的に使用されていた刀の目貫の種類
（刀剣博物館所蔵）

いる。つまり支倉肖像画の日本短刀はあくまでも白の鮫柄でなければならず、現存画の短刀は通常絶対にあり得ない鞣革を巻いたようなものになっている。そのうえ『古写真集』の支倉肖像画の短刀の柄には当時一般的に用いられていた目貫の金具（図32）が描かれているが、現存画には存在しない目貫の金具と柄頭が描かれている。ちなみに本来の目貫の金具は、『古写真集』の支倉肖像画に描かれているものと同一の形をした目貫の金具でなければならない。もちろん短刀の柄や目貫の金具は前述の記録と符合しないのである。現存画の短刀の柄や目貫の金具などを検分した日本における刀剣研究の第一人者である静岡県三島市の「佐野美術館」名誉館長渡辺妙子氏および公益財団法人日本美術刀剣保存協会「刀剣博物館」学芸部長飯田俊久氏によると、「なめし塗りの短刀の柄は存在せず、短刀の柄は白色の鮫柄でなければ不自然である」と否定的な証言をしている。つまり現存画に描かれているような「なめし塗りの短刀の柄」は存在し得ないということである。

2　石鍋真澄氏の国宝支倉常長肖像画の「1条ロザリオ」説は誤認―その論拠について―

　国宝現存画は、支倉が十字架上のキリストに向かって黙想しながら「1条のロザリオ（ROSARIUM：聖母を象徴する薔薇の花輪、薔薇の園の意）？」で祈りを捧げる画像である。しかし、伊勢斎助・大内大圓編『古写真集』に掲載されている明治17年に撮影した18枚の写真の中に含まれている支倉肖像

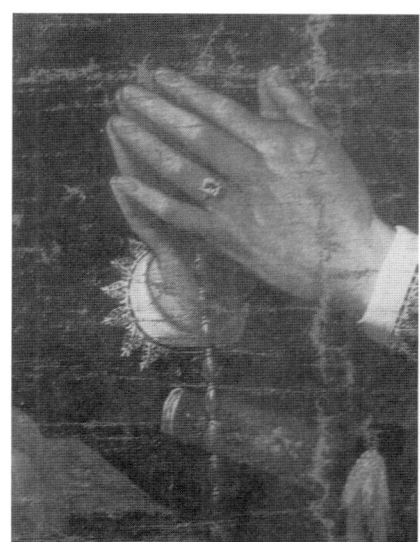

第 2 章　国宝絵画の虚構を検証する

図 33　国宝支倉現存画の 1 連ロザリオ　　図 34　『古写真集』の支倉肖像画の環状型ロザリオ

画の原画写真や、明治初期〜中期（明治 9 〜 30 年代）の支倉肖像画の現物模写画には「環状型（2 本）のロザリオ」が描かれている。なぜ、現存画には 1 本だけのロザリオしか描かれていないのであろうか。私が国宝現存画には贋作疑惑があり、画像に描かれている 1 本のロザリオは不自然であり、『古写真集』の原画写真に描かれている「環状型ロザリオ」の方が正しいと判断している。これに対し、2011 年 3 月に仙台市博物館が出版した前述の『仙台市史』の中で、成城大学教授の石鍋真澄氏が「支倉の肖像画」と題した論文で、「常長が手にしているのは 10 珠の小型ロザリオ（チャプレット）の一種で指にはめて用いるタイプだ」（図 35）と、断定的に述べられている。

　もともとロザリオの原型は 5 連であるが、（フランシスコ）修道会の修道士が黙想しながら祈る場合に用いている 7 連や 15 連のロザリオがある。1 条のロザリオは仕事中に祈る場合に便宜上用いられたり、また秘かに祈る場合に限って使用されたものなので、一般的なものではない。1 条（連）のロザリオの珠は、豪華な宝石などが用いられることが多かったが、5 連、7 連、15 連のロザリオの珠の種類は、当時、木製や石製が最も多く用いられた。

　ところで、「1 条（1 連）ロザリオ」が何世紀も前からヨーロッパで普及し

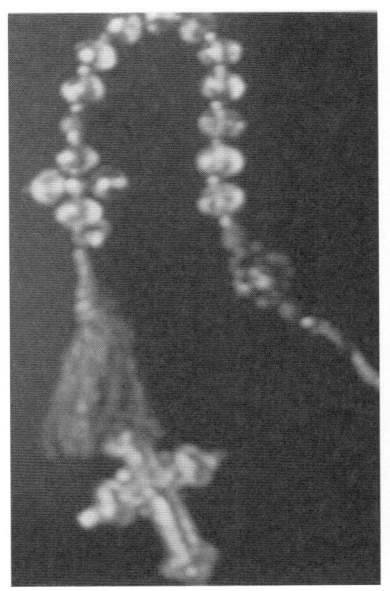

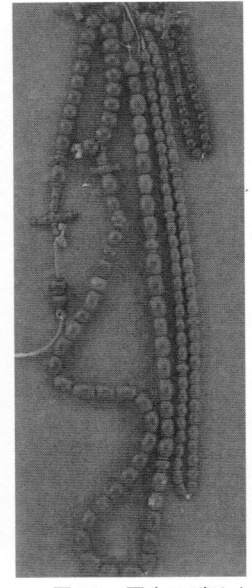

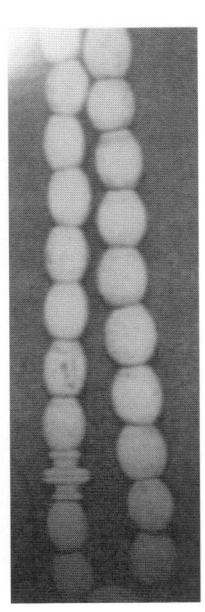

第Ⅱ部　国宝「支倉常長肖像画」の真贋疑惑の再検証

図35　石鍋氏が提示した1連ロザリオ　　　図36　国宝ロザリオ（仙台市博物館所蔵）

ていたことは、私を含めてカトリック教徒であればほとんど誰でも知っていることであり、決して珍しいものではない。それに大半のカトリック教徒は通常使用する5連ロザリオと、便宜上使用する「1条ロザリオ」の違いや特徴（使用用途）などについても熟知している。それなのに石橋氏は、国宝現存画に描かれている1本のロザリオだけを観察して、下記に述べる重要な点を見逃し、「1条のロザリオ」の正当性を強く主張している。

　石鍋氏は、国宝現存画に描かれているロザリオの珠（ビーズ）の形状（図33）と『古写真集』の支倉肖像画に描かれているロザリオの珠の形状（図34）が同一であることに気づいていないようである。双方のロザリオの珠の形状が同一であるということは、つまり国宝現存画のロザリオは、『古写真集』の原画に描かれている環状（2本）のロザリオをカトリック教に詳しくない画家が1本だけを模写したということになる。さらに［図36］は、仙台市博物館所蔵の支倉常長将来品の「ロザリオ」である。これら4本のロザリオはいずれも「栄唱」の珠が消失して欠けているが、珠の数からして主にフランシスコ修道会の修道士が用いる「7連のフランシスカン・クラウン」である。

第 2 章　国宝絵画の虚構を検証する

　ちなみにフランシスカン・クラウンの珠は木製が多く、白珠の右側のロザリオは本来、7 連（70 珠）でなければならないが、長い年月の間 15 珠が消失し、55 珠だけになっている。また、白珠の左側のロザリオの珠の数も本来は 7 連（70 珠）であるが、13 珠欠けており 57 珠だけになっている。白珠の左側のロザリオの珠と茶色の珠の形状は『古写真集』の支倉肖像画および国宝現存画に描かれているロザリオの珠の形状が同形のように思える。

　石鍋氏は、私の「1 連ロザリオ」に対する疑惑を払拭する目的のためだけに、前記の論文を執筆したのであろう。つまり石鍋氏は、細部だけを見て「小型ロザリオ（チャプレット）の一種」であると判断したようである。いずれにせよ、石鍋氏の「小型ロザリオ（チャプレット）の一種」であるという見解は誤認であるといえる。

　その他に石鍋氏の「1 条ロザリオ」説が誤謬であることを客観的に裏づけている点は次の通りである。まず一つ目は、国宝現存画に描かれているロザリオの珠（図 33）の種類と石鍋氏が提示しているチャプレット・タイプのロザリオの珠（材質は宝石、ガラス等）（図 35）の種類は材質や形状が異なっている。前述したように、国宝現存画に描かれている材質が木製ロザリオの珠であるが、『古写真集』の肖像画に描かれているロザリオの珠の種類と同一の珠であり、当時、一般的に使用されていた 5 連か 7 連のロザリオの珠である。5 連か 7 連のロザリオでは磔刑像の後に 5～7 つのビーズとセンターメダルが続き、その次に 10 個で 1 連のビーズ 5～7 連が環状に連なる。5～7 連を隔てるために、連と連の間にも 1 個ずつ、スペイサーが配置される。ロザリオの各部分の祈りは、磔刑像において使徒信経、それに続く 5～7 つのビーズにおいて主の祈り 1 回、天使祝詞 3 回、栄唱 1 回を唱えて、センターメダルに移る。センターメダルと 4 つのスペイサーは主の祈り、それらに挟まれる小さなビーズは天使祝詞のためのものである（5 連ロザリオの図を参照乞う）。

　二つ目は、石鍋氏が紹介している 1 連のロザリオは、ヨーロッパでは 16 世紀頃から巡礼者などごく限られた人たちに使用されていた。主に 18～19 世紀頃にドイツやアイルランドで「秘かに祈るため」に 1 連 10 珠で作られたもので環状になっていない（図 39 を参照乞う）。たとえば 1740 年頃ドイツ・バイエルン州にあるアマー（Ammer）湖畔のディーセン（Diessen）にバベット・

159

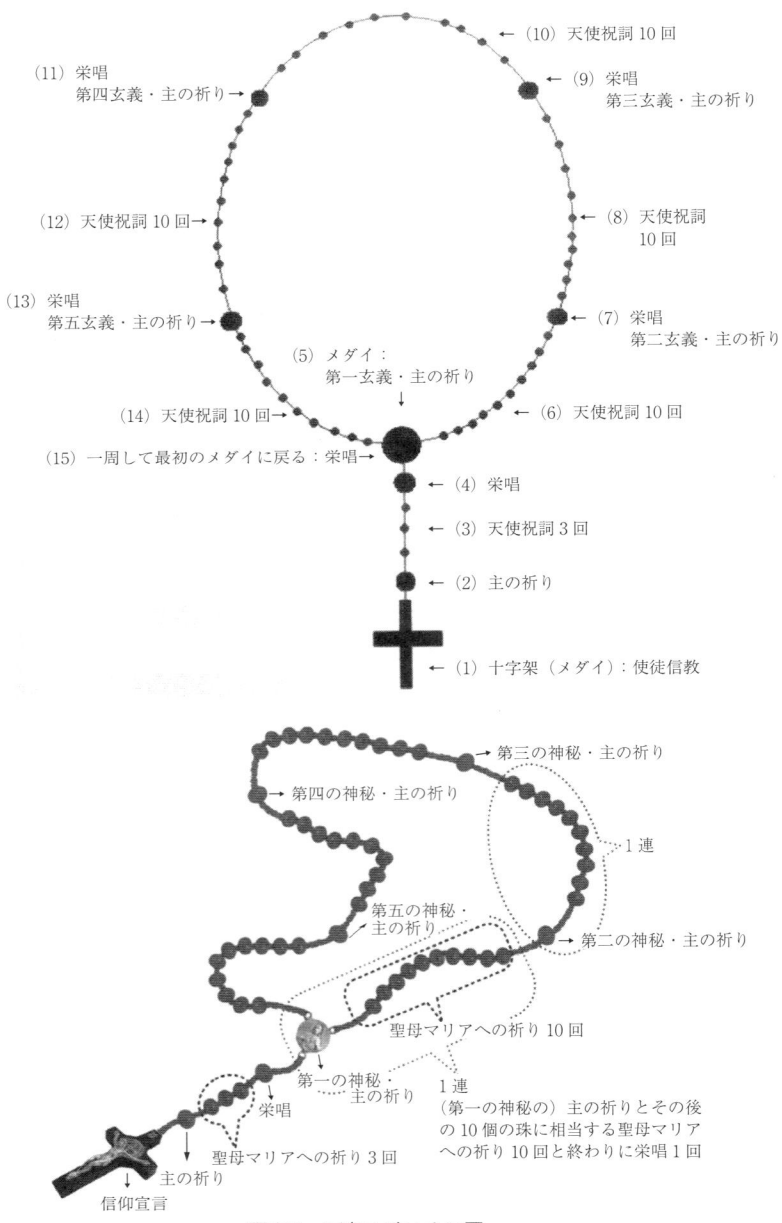

第Ⅱ部　国宝「支倉常長肖像画」の真贋疑惑の再検証

(11) 栄唱
　　第四玄義・主の祈り→
(10) 天使祝詞 10 回
(9) 栄唱
　　第三玄義・主の祈り
(12) 天使祝詞 10 回→
←(8) 天使祝詞 10 回
(13) 栄唱
　　第五玄義・主の祈り→
←(7) 栄唱
　　第二玄義・主の祈り
(5) メダイ：
　　第一玄義・主の祈り
(14) 天使祝詞 10 回→
←(6) 天使祝詞 10 回
(15) 一周して最初のメダイに戻る：栄唱→
←(4) 栄唱
←(3) 天使祝詞 3 回
←(2) 主の祈り
(1) 十字架（メダイ）：使徒信教

第三の神秘・主の祈り
→第四の神秘・主の祈り
1 連
第五の神秘・主の祈り
第二の神秘・主の祈り
聖母マリアへの祈り 10 回
第一の神秘・主の祈り
1 連
（第一の神秘の）主の祈りとその後の 10 個の珠に相当する聖母マリアへの祈り 10 回と終わりに栄唱 1 回
栄唱
聖母マリアへの祈り 3 回
主の祈り
信仰宣言

図 37　5 連ロザリオの図

第2章　国宝絵画の虚構を検証する

図39　19世紀のアイルランド製「一連ロザリオ」

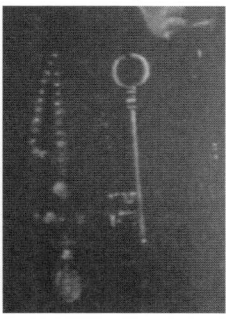

図38
フランシスコ・デ・スルバラン作福者アロンソ・ロドリゲス像
(スペイン王立サン・フェルナンド芸術アカデミー所蔵)

シュバイツアー（Babette Schweizer）という鋳物工場が巡礼者のための十字架や1連のロザリオの製造を行っていたという記録が残されている。また19世紀にはアイルランドのマザー・オブ・パール製の1連のアイルランド式ロザリオが知られている。そもそもロザリオという名称は、本来15連のものを指しているが、支倉がヨーロッパを訪問した17世紀初期当時のスペインやイタリアでは「5連のドミニコ会聖母のロザリオ」や「7連のフランシスコ会聖母の七つの喜びのロザリオ」のほか10連のロザリオが一般的に使用されていた。7連のものは一部珠が消失しているが「フランシスカン・クラウン」と呼ばれ、聖母の七つの喜び（受胎告知、エリザベト訪問、イエスの誕生、マギの礼拝、行方がわからなくなった幼子イエスを神殿で見出したこと、イエスの復活、聖母被昇天と戴冠）を黙想しながら祈るために使われる。

　三つ目の［図38］に示した、スペイン・マドリードの王立サン・フェルナンド芸術アカデミー所蔵の17世紀のフェリッペ4世時代に活躍したバロック画家フランシスコ・デ・スルバラン（Francisco de Zurbaran：1598〜?）が1633年に製作した「福者アロンソ・ロドリゲス（Alonso Rodrigüez S.J.）」

像がある。福者アロンソ・ロドリゲスは、スペインのマジョルカ島のイエズス会経営のコレジオ（神学校）の下賤な門番であったが、腰にはコレジオの出入口の門の鍵と「1条のロザリオ」を身に付けている（Genios del Arte, Zurbaran, Susaeta ediciones, S.A., Madrid）。聖母マリアを熱心に崇拝していたロドリゲスは、神父や神学生など人の出入りが激しい門番の仕事をしながら**秘かにロザリオの祈りを唱えるために「1条のロザリオ」を使用していたのである**。したがって、**支倉肖像画の場合は、十字架に向かってロザリオの祈りを唱えて黙想している姿であり、秘かに祈っている姿ではない**。黙想には、「喜びの黙想」、「苦しみの黙想」、「栄光の黙想」の三種類あるが、**いずれも黙想をしながらの「ロザリオの祈り」には通常、5連または7連のロザリオを使用し「1条のロザリオ」を使用することは滅多にない**。最近列聖されたばかりの教皇ヨハネ・パウロ2世も生前いつも祭壇に向かって黙想にふけりながら「5連のロザリオ」を使用して祈りを捧げていた。

　四つ目は濱田氏や石鍋氏が模写画だと言っている『古写真帳』に載っている支倉肖像画の原画写真を含め、国宝現存画が明治42年に出版された『大日本史料』第十二編之十二に初めて掲載されて世に紹介される以前の現物模写画を含めた支倉肖像写真には「環状型のロザリオ」が描かれているので、石鍋氏が紹介している1条のロザリオではない。ちなみに現存している3種類の支倉六右衛門の銅版画（図40）にはすべて環状型のロザリオが描かれていることでも明白である。

　五つ目は、アマティーの『伊達政宗遣欧使節記』第21章によると、支倉は1615年2月にマドリード市内の宿舎（フランシスコ会のエル・グランデ修道院）を訪れてくれたトレドの枢機卿（スペイン宰相レルマ公爵の伯父のベルナルド・デ・ロハス・イ・サンドバル）から高価な（ロザリオの）聖母マリアの絵画や十字架などと一緒に豪華なロザリオを贈られている。カトリック教会では罪に対する赦し（贖宥：Indulgentia〈ラテン語〉、Indulgencia〈スペイン語〉）のための祈祷方法やロザリオの取り扱い方が規定されている。例えば、信徒が罪の赦しと償いとを受けるため、犯した罪を聴罪司祭に告解をすると、聴罪司祭がイエズス・キリストの名において償いのために信徒に対し、「信徒信経」（グレド）、主の祈り（パーテル・ノストロ）、「天使祝詞」（アヴェマリア）を唱えることを命じるが、その際ロザリオを用いて祈る。したがって、信

第2章　国宝絵画の虚構を検証する

図40　支倉常長の銅版画　環状型ロザリオが描かれている。
（アマティー著『伊達政宗遣欧使節記』ドイツ語版、1617年：ウィーン国立図書館所蔵）

徒が新しくロザリオを手に入れると、必ず祝別（Bendición）を求めることを習しとしている。祝別されていないロザリオは贖宥の効力が発生しないからである。支倉の場合もロザリオの贈り主であるトレドの枢機卿は、左の手のひらにロザリオを置き、右手で"In nómine Patris et Filii et Spiritus Sancti. Amen"（父と子と聖霊とのみなによりて、アーメン）と、ラテン語で唱えながら十字をきって祝別して贈ったと考えるのが妥当である。支倉は高位聖職者である枢機卿が自ら祝別してくれたロザリオを肌身離さず持ち歩いて大切に使用したことであろう。前述したように、支倉が十字架上のキリストに向かって黙想しながらロザリオの祈りを唱えるのに「1条のロザリオ」を使用する必要はなく、『古写真集』の支倉肖像画に描かれている環状のロザリオを使用したと考えるのが妥当である。

　ところで石鍋氏は、私が原画写真であると断定している『古写真集』の支倉常長肖像画と国宝現存画を比べて、どちらが原本画でどちらが模写画（贋作）なのか、美術史の専門家の目で見ればはっきりと判別がつくはずである。

163

国宝現存画には前述した短刀の柄、縦横の不自然な剝落部（亀裂）、頬骨に生えている揉み上げ、婦人用宝石付指輪、繊細で女性的な襟の刺繡、そして1本のロザリオに関しても、誰が見ても極端な不自然さ（疑惑）を感じるのである。それにもかかわらず石鍋氏は、どうして1本のロザリオの正当性を強く主張したのか不思議でならない。

3　頬骨に描かれた不自然な「揉み上げ」

　「支倉肖像画」の贋作疑惑を巡る三つ目の不自然な箇所は、支倉のトレードマークになっている頬骨に沿った長くて太い揉み上げ（図29）である。『古写真集』の支倉肖像画には揉み上げではなく、頬が痩せて影になっている姿が自然に描かれている。なお支倉の容貌について、ヴァティカン機密文書館所蔵に残されている文書には、「背が低く、顔は浅黒く四角張っている、鼻は極めて低く、扁平で鼻孔は大きい、眼は小さく窪んでいる、**顔はげっそり痩せている**」と、記録されていて、『古写真集』に載っている支倉肖像画の画像写真とすべて符合する。つまり「顔はげっそり痩せている」と記録されていることから揉み上げではなく、頬が痩せた影であることは確実である。ちなみに、日本人の頬骨に毛が生えることはなく、揉み上げは人種に関係なく顎の方に真っ直ぐ伸びて生えるのが一般的である。

4　左手の薬指に嵌めているルビーの指輪への疑惑
　　　―キヨッソーネの観察記録は誤認か？―

　支倉肖像画の現存画の左手の薬指にルビーの指輪が描かれている。しかしながら、明治9年12月に出版された平井希昌の『欧南遣使考』の巻末に貼付されている現物模写画や『古写真集』の支倉肖像画には指輪ではなく、ロザリオの珠が描かれている。前述した肖像画の観察記録にも指輪に関する記述は何も見当たらない。ただ、1875（明治8）年紙幣寮（大蔵省印刷局）の招きで来日し、明治天皇の肖像画の制作者として知られているイタリア人紙幣画家のエドアルド・キヨッソーネ（Edoardo Chiossone：1833～1898）が1877（明治10）年1月6日付の英字新聞"The Tokio Times"（国立国会図書

館請求番号：YB-F26）に述べた談話で、「……。専門家のエドアルド・キヨッソーネ氏が目のあたりに検証したところでは（has looked at it with the eye of an expert）、キャンパスは縁がいくらか破損し、絵には亀裂が生じているが、これは折り目がつくほど不注意に折り畳んでいたための傷みであり、……。大使はひとつの指に外国製の指輪を嵌め（One of the fingers is decorated with a foreign ring）」と、記録されている。キヨッソーネは現存画ではなく『古写真集』の支倉肖像画を観て"The Tokio Times"の記者にコメントしたと思われるが、確かに『古写真集』の支倉肖像画を見ると一見、金具の指輪のように見える。だが、よくよく観察すると、薬指には指輪ではなく、環状型ロザリオの珠が絡んでいるのが判る。修復前の肖像画はかなり破損が激しく横皺や亀裂が多く生じていて、指に絡んでいるロザリオの部分の色彩が他の珠よりも薄く描かれていたので、ロザリオの珠を指輪と見間違えたと考えられる（図30-右の古写真を参照乞う）。

5　平井希昌編『欧南遣使考』巻末の現物模写画の原画を巡る2つの説

　明治9（1876）年に出版された平井希昌編『欧南遣使考』に、
　　「……巻末には支倉氏が持参した公文書の抄本、同氏の油絵の肖像および所持品若干を模写して衆覧に供します……」
と述べて巻末に、貼り付けて紹介されている「支倉常長肖像画」の現物模写画の画像写真（図28）は、わが国で一般に公開されたもっとも古い原画から現物模写した画像写真である。『欧南遣使考』が出版された明治9年当時は、「支倉常長肖像画」をそのまま製版して印刷する技術はなく、やむなく印刷すべき個所に湿版から焼き付けされた現物模写の肖像画の印画を貼付したのである（菊池幸雄『「欧南遣使考」復刻に寄せて』江馬印刷株式会社、創業100周年記念、平成3年3月2日発行）。ちなみに、原画写真の代わりに模写画を写真撮影した画像を使用したのは、原画の損傷が激しかったため写真撮影しても明瞭な画像写真でなかったためと推察される。
　『欧南遣使考』の模写画（図28）が『古写真集』の「支倉肖像画」（図26・27）に描かれている額の左上の禿げた頭、環状になっているロザリオ、白い

鮫皮の短刀の柄、幅の広いブラウスの袖口、黒服のボタン、洋服の皺などをそのまま忠実に模写していることから、私は、国宝現存画からの模写画ではないと断定して濱田説を否定した。それに対して濱田直嗣氏は、次のような反論をしている。

「<u>国宝原画を写しながらも見方によっては容貌に活力が乏しく、明らかに一段劣る出来に止まっているが</u>、支倉常長の肖像が書籍掲載された最初の例であり、……（平井氏が）"模写して衆覧に供す"と記した点を、文字通りの模写と解釈するなら、臨模した画像（図28）を写真撮影したものということになる。<u>この時の模写では、表情の把握、ロザリオや短刀の鞘の表現が国宝原図とは異なった模写がなされ、かなりかけ離れた画像になってしまった。</u>また、模写写真には、図面右上方のカーテンの上部で特に明らかなように、国宝原図には実在しない画面上下の余白巾が写っており、複雑な亀裂、剝落個所を修整した形跡も見出せない。」（『仙台市博物館調査研究報告』第28号、2008年3月、2頁）

ただ、このような反論で誰も納得するはずはない。特に、この文中で「国宝原画を写しながらも見方によっては容貌に活力が乏しく、明らかに一段劣る出来に止まっているが、」とか、「この時の模写では、表情の把握、ロザリオや短刀の鞘の表現が国宝原図とは異なった模写がなされ、かなりかけ離れた画像になってしまった。」と、原画を直接見て模写した画家が十分な観察ができなかったようなことを述べているが、はたしてそのようなことが言えるであろうか。そもそも国宝現存画に見られる強靭なイメージの支倉像を、いかなる理由があろうとも、まったく逆のイメージの疲労困憊した痩せた姿に模写するはずはないのである。事実、私は現在、教鞭を執っている大学で「慶長遣欧使節と支倉常長」をテーマにした「人間と歴史」の授業で、約8年間に受講した延べ約1,000人の学生に対し、「国宝現存画」（図29）の画像写真と『古写真集』の支倉常長肖像画（図21）の画像写真を見せて、《明治9年に出版された平井希昌の『欧南遣使考』の巻末に載っている支倉の現物模刻模写画（図28）は、［図29］および［図21］のどちらの絵を模写したと思うか》、という質問に対し、1,000人全員が、『古写真集』の支倉常長肖像画（図21）を忠実に模写していると答えている。

　以上、国宝「支倉常長肖像画」の贋作疑惑について再検証してみた。これ

らの他に、宙に浮いているキリスト磔刑像、前ボタンが付いていない洋服、皺が無い洋服など、多くの疑惑があるが詳細については、拙著『支倉常長慶長遣欧使節の真相―肖像画に秘められた実像―』に譲ることにする。

　いずれにせよ、再検証でも明らかなように現存画には現実離れした多くの不自然な箇所があり、疑惑付きのままで国宝やユネスコの世界記憶遺産登録絵画として後世に伝えられるのは大いに問題がある。仙台市博物館は、第三者機関による肖像画の科学的な調査の実施を受け入れるべきである。その調査結果によって、現存画の画像に旧修復や旧補彩などの痕跡が現れれば、原画に加筆・改作を加えたことが証明されるはずである。仮に痕跡が何も現れない場合は、肖像画の絵具（顔料と媒剤）の時代考証を科学的に調査すれば、400年前の本物の絵画か明治時代後期に描かれた模写画（贋作）かが明らかになるはずである。

　ところで、私が支倉半身像の贋作疑惑の解明にこだわっているのは、仙台市博物館側を論難するためでなく、歴史の真実を後世に残こそうとするために他ならない。虚像の現存画からは、辛酸を嘗めた異郷での7年間余りの苦しい生活が滲み出ておらず、何も学ぶものがない。逆に、『古写真集』に載っている疲労困憊した姿の原画写真からは、現代人に欠けている支倉六右衛門常長の「百折不撓の精神」を学ぶことができるのである。

参考文献

濱田直嗣『仙台市博物館調査研究報告』第28号、2008年3月、2頁

溝田悟士「ロザリオと数珠の起源に関する仮説」（『愛知論叢』第84号、2008年）46〜67頁

Miguel Varela "Celebremos el Rosario' Historia y contenidos teológicos" Editorial Claretiana, 2004

第Ⅱ部　国宝「支倉常長肖像画」の真贋疑惑の再検証

第3章　ローマ・カヴァッツァ伯爵蔵「日本人武士像」（通称支倉常長全身像）の改竄疑惑

「日本人武士像」の人物特定のための熾烈な論争
――明治時代後半から昭和にかけて大掛かりな改竄作業を実施か？――

　ローマ・カヴァッツァ伯爵蔵のイタリア人アルキータ・リッチ作の「日本人武士像」（通称支倉常長全身像）（196cm×146cm、布、油）の原画写真（図41）がわが国で初めて紹介されたのは1888（明治21）年7月10日及び11日付『東京日々新聞』に掲載された福地源一郎の「支倉六右衛門肖像の事―ローマの故事を知る―」という記事によってである。この記事の中で、福地は、ローマの「日本人武士像」は支倉常長の肖像画であると初めて紹介し、広く世に知られるようなった。これに対し、大槻文彦は1890（明治23）年6月発行の月刊誌『文』（第4巻第6号）で、肖像画の人物は、支倉ではなく天正少年使節団のメンバーであると反論した。この反論が引き金となって、1893（明治26）年には渡辺修二郎が自著書『世界ニ於ケル日本人』の「羅馬ノ文庫ニ蔵スル日本人の畫像」の項で、「日本人武士像」は天正少年使節団の伊藤マンショ（義賢）又は千々石清左衛門であると主張した。このように明治時代から大正、昭和にかけて延々

図41　ローマ・カヴァッツァ伯蔵「日本人武士像」の原画写真（現存画との部分比較）
（幸田成友『和蘭夜話』同文館、1931年より）

168

第3章　ローマ・カヴァッツァ伯爵蔵「日本人武士像」の改竄疑惑

と論争が展開され、昭和10年になって、伊東信雄東北大学教授が『仙台郷土誌研究』（第5巻第9号）に「羅馬ボルゲーゼ家所蔵の肖像画に就いて」という論文の中で、伊東満所説を否定し、図中の人物が伊達家の紋章である九曜星を透彫りにした鍔をつけた大刀を帯びていることを根拠に支倉常長説を強く主張し、現在に至っている。

ところが、村上直次郎博士は、膨大な原文史料の分析などから、「日本人武士像」はボルゲーゼ枢機卿と特別な関係があった支倉の秘書官の小寺池（小平）外記であると述べたことから論争が再燃したのである。この長い論争の過程において明治時代の後半から大正時代にかけて「日本人武士像」の大々的な改竄が行われたのである。その主な改竄個所は次の通りである。

①「日本人武士像」の原画写真の襟にはレースの縁飾りが見当たらないが、現存画には、『古写真集』の支倉半身肖像のレースの縁飾りと同一デザインのレースの縁飾りが加筆され、襟の形も変わっている。これは前述した「日本武士像」の人物特定の論争があった際に、明治17年に撮影された『古写真集』の「支倉半身肖像」の原画写真に描かれているブラウスと同じデザインの縁飾りを加筆して「日本人武士像」を支倉常長に仕立てたのである。ここで見逃せないのは、「日本人武士像」の原画に加筆されたレースの縁飾りのデザインが国宝「支倉半身肖像」の現存画に描かれている細かなデザインのレースの縁飾りではないことである。つまり、「日本人武士像」の原画にレースの縁飾りが加筆された時期は、『古写真集』の「支倉半身肖像」が国宝現存画に改作される以前であり、「日本人武士像」の人物特定のための論争が展開されていた明治30年代であると推察される。

②「日本武士像」の原画写真の顔の輪郭、鼻・眼は、ヴァティカン機密文書館に残されている支倉の容貌に関する記録されている「背が低く、顔は浅黒く四角張っている、鼻は極めて低く、扁平で鼻孔は大きい、眼は小さく窪んでいる、顔はげっそり痩せている」とはまったく異なっている。特に、『古写真集』の支倉の顔の輪郭がヴァティカン史料の記録通り「四角張り」であるのに対し、「日本人武士像」の原画写真の方は、「丸顔」に近い輪郭で記録と符合しない。

③「日本武士像」の原画写真の左手の指には指輪は描かれていないが、現存画には指輪が加筆されている

第Ⅱ部　国宝「支倉常長肖像画」の真贋疑惑の再検証

図42　「日本人武士像」の「原画写真」
ブラウスの襟にはレースの縁飾りは描かれていない。

図43　「日本人武士像」の現存画
仙台市博物館所蔵の「国宝・支倉常長半身肖像画」の「原画」のブラウスの襟のレースの縁飾りと同じデザインのレースの縁飾りが加筆されおり、襟の形も変わっている。

図44　「支倉常長半身肖像画」（図26・27）の「原画写真」のブラウスの襟のレースの飾り

④わが国の近代彫刻の先駆者として知られる大熊氏広（1856～1934）が、1888（明治21）～1889（明治22）年までイタリアへ留学していた時に旧水戸藩の当主で駐イタリア日本国公使徳川篤敬伯爵の紹介で「日本人武士像」を直接検分し、次のような非常に精緻な観察記録（一部）を残している。その主な内容は、

「……又額ノ中、肖像の傍ニ四角ノ枠ヲ取リ、其中ニ小サク　畫ケル圖ハ、上ニ日天、其ノ下ニ五光ヲ放テル鳩、其又下ニ神女三人ニテ十字架ヲ捧グル像アリ、」

第3章　ローマ・カヴァッツァ伯爵蔵「日本人武士像」の改竄疑惑

図45　大熊氏広が現物模刻した日本人武士像
窓枠の上部には観察記録にある「神女三人」がみえる。現存画では左側の女性がフランシスコに描き変えられている。（渡辺修二郎『世界ニ於ケル日本人』1889年より）

と、記されている。現存画には、「三人の神女像」のうち一人の女性像が聖フランシスコ像に改作されて、二人の女性像と一緒に描かれている。これは「訪欧使節団」がフランシスコ会の援助を受けていたので、「日本人武士像」がルイス・ソテロ神父を通してフランシスコ会と密接な関係にあった支倉常長であると仕立てるために改作したのであろう。

⑤大熊氏広の観察記録には、

「……。最下段ニハ二三百年前ノ軍艦トモ覺シキ大船アリテ、左右ノ砲門ヨリ一度ニ発砲シ、白ノ渦巻キ上ル圖アリハ、……。其船ハ二本檣ニ五ツノ帆ヲ挙ゲ、……」

と、船舶について細かく観察記録が記されているが、現存画の船尾（舳先）に描かれている伊達藩の九曜紋とマストの旗の支倉家の家紋についての記述は何も無い。これを濱田氏は観察者が「確認」出来なかったからであると述べている。しかし、観察者は帆柱や帆の数などを細かく記録していることから、見落とすはずはなく、もともと原画の帆船のマストには伊達家及び支倉家の紋は描かれていなかったと考えるのが妥当である。これは伊達家と支倉家の紋を加筆することによって原画に描かれているガレオン船を使節船「サン・ファン・バウティスタ号」に見せ掛け、同時に「日本人武士像」が支倉常長であることを立証するためであったと考えられる。

以上のように大幅な改作が行われたことなどから判断して、「日本人武士像」は支倉常長ではなく、村上直次郎博士が言っているように、小寺池（又は小平）外記であると思われる。ちなみに、小寺池は仙台藩の武士だったので、九曜の紋の鍔の刀を身に付けていたのは自然である。また、支倉常長がロー

171

マ入市式と教皇との公式謁見の時に着用した和服はボルゲーゼ枢機卿に寄贈されたと思われるが、それをモデルになった背が高くて美男の（ジェノヴァ議事録）小寺池に着せて画家のアルキータ・リッチに描かせたと推察される。

参考文献

伊勢斎助・大内大圓編『支倉六右衛門常長齋歸品寶物寫眞』光明寺施行、昭和3年

大泉光一『支倉常長慶長遣使節の真相―肖像画に秘められた実像―』雄山閣、2005年

大泉光一『捏造された慶長遣欧使節記』雄山閣、平成20年6月

仙台市博物館『重要文化「慶長遣欧使節関係資料の一部」の保存処置について』仙台市博物館発行、1969年3月

あとがき

　私の既刊書でも繰り返し述べてきたが、「慶長遣欧使節」に関する最大の疑問点は、異教徒であった伊達政宗が幕府のキリスト教禁教令下において、ローマ教皇パウルス5世の許に公然と使節団を派遣し、「服従と忠誠」を誓ったことである。この疑問点を解くために、私は何度もローマに足を運びヴァティカン機密文書館に伝存されている使節関係の原文史料を一つ一つ徹底して洗い直してみた。その結果、下記の古文書にその答えが記述されていることを確認したのである。

　1）イタリア語表記の『訪欧使節団がローマ教皇に請願した全ての事柄に対する回答文書（教皇勅書）』（Fondo Borghese, Serie IV, No.63, Lettere dicerse, 1615）

　この「教皇勅書」によって使節団がローマ教皇に対し、ヌエバ・エスパニア（スペイン）との通商交易の開始の仲介を請願したほか、口頭で政宗を「日本のキリスト教徒の王」として叙任することの認証および「キリスト教徒の騎士団」の創設の認証を請願したことが判明した。なお、この回答文書は村上直次郎博士の『大日本史料』第十二編之十二にも載っているが、同博士の邦訳と解釈が不適切だったため、正確に理解されなかったのである。

　2）「訪欧使節団」の正式な随行員として加わった3人の日本のキリスト教徒の代表者が持参して、ローマ教皇に謁見した際に直接奉呈した慶長18年8月15日（1613年9月29日）付の日本のキリスト教徒の代表者からローマ教皇パウルス5世に宛てた「畿内キリシタン連署状」（勢数多講）および「日本のキリスト教徒書簡」の2通の書簡である。なお、仙台市博物館は「畿内キリシタン連署状」（A.S.V., A.A.Arm.I-XVIII、1838）を『勢数多講』とだけ紹介し、支倉がレルマ公および国王陛下に宛てた日本語の披露状や伊達政宗のセビィリャ市宛親書などとともに、詳しい内容についてあまり紹介していない。

　これらの2つの文書の解読によってこれまでの通説が覆されたわけであるが、それを仙台市博物館が認めようとしないのである。これらの文書は何れも使節のローマ訪問の目的を知るための重要な一級史料である。

あとがき

　仙台市博物館がこれらの事実を認めないということは、客観的な価値のある史料に基いた歴史研究の意義を損なうものである。

　本文の中でも触れたが、わが国では、一度定着した史的事実が後に誤りであったと客観的に証明されても、それが訂正されることは非常に稀である。私が知るその代表的な例が世界で初めて世界一周の航海に成功した人物についてである。日本では「フェルナンド・マガリャネス（マゼラン）」というのが定説となって歴史教科書にも載っている。ところが、1521年4月27日にマゼランはフィリピン諸島のマクタン島で先住民に殺害されてしまったので世界一周は出来なかったのである。マゼランに代わってマゼラン隊のナンバー2であったファン・セバスティアン・エルカノが世界一周に成功して、1522年9月6日、265人の乗船者のうち17人の生存者とともに、スペインのサンルーカル・デ・バラメダ港に帰港したのである。したがって、初めて世界一周の航海に成功した人物は「マゼラン」ではなく「エルカノ」なのだが、日本では「マゼラン」が定説になっているため覆すことが難しいのである。ちなみに、スペインでは「エルカノ」が世界一周の航海に初めて成功した英雄として讃えられており、バスク地方には彼の銅像が建っている。やはりこうした誤謬は訂正しなければならないはずである。

　ところで、私の半世紀にわたる支倉六右衛門常長・慶長遣欧使節の研究では国内外の多数の方々のご協力、ご援助を必要とした。とりわけ、私の慶長遣欧使節研究の意義を理解して下さり、温かく見守っていただいた学校法人青森田中学園・青森中央学院大学理事長石田憲久先生、学校法人青森田中学園学園長・青森中央短期大学学長久保薫先生、青森中央学院大学学長花田勝美博士、青森田中学園理事・事務局長斉藤正彦氏、同事務局次長櫻田肇氏をはじめ大学関係者に対し、ここに深く感謝の意を表したい。

　最後になったが、本書の出版に際しては、雄山閣社長の宮田哲男氏と編集部次長の羽佐田真一氏に大変お世話になった。この場をかりて感謝の意を表したい。

　　2015年4月

　　　　　　　　　　　　　　　　　　　　　　　静岡県函南町の自宅書斎にて
　　　　　　　　　　　　　　　　　　　　　　　　　　　　大泉　光一

著者略歴

大泉 光一（おおいずみ こういち）

1943年長野県諏訪市生まれ。宮城県大河原町で育つ。国際関係学博士（日本大学）。
メキシコ国立自治大学（UNAM）東洋研究所研究員、スペイン国立バリャドリード大学客員研究員・客員教授、同大学アジア研究センター上席所員兼顧問などを経て、日本大学国際関係学部・大学院教授を歴任。現在、青森中央学院大学大学院教授。
主な著書に『支倉常長―慶長遣欧使節の悲劇』（中公新書）、『支倉六右衛門常長「慶長遣欧使節」研究史料集成　第1巻』『同　第2巻』（雄山閣）、『キリシタン将軍伊達政宗』（柏書房）、『支倉常長　慶長遣欧使節の真相―肖像画に秘められた実像』（雄山閣、本書にて2006年度・第19回「和辻哲郎文化賞」を受賞）など多数。

2015年6月10日　初版発行　　　　　　　　　　《検印省略》

歴史研究と「郷土愛」
―伊達政宗と慶長遣欧使節―

著　者　大泉光一
発行者　宮田哲男
発行所　株式会社 雄山閣
　　　　〒102-0071　東京都千代田区富士見2-6-9
　　　　ＴＥＬ　03-3262-3231／ＦＡＸ　03-3262-6938
　　　　ＵＲＬ　http://www.yuzankaku.co.jp
　　　　e-mail　info@yuzankaku.co.jp
　　　　振　替：00130-5-1685
印刷・製本　株式会社 ティーケー出版印刷

ⒸKOICHI OIZUMI José 2015　　ISBN978-4-639-02364-7 C1021
Printed in Japan　　　　　　　　N.D.C.210　174p　22cm